마음을 상품화하는 사회

心を商品化する社会―「心のケア」の危うさを問う.
小沢牧子・中島浩籌 著.

오자와 컬렉션 ❻

마음의 케어, 그 위험성을 묻다

마음을 상품화하는 사회

오자와 마키코 · 나카지마 히로카즈 지음 | 로이 리샤 옮김

서현사

한국어판 머리말

마음의 통제를 목표로 하는 상품화 사회

이 책은 《마음의 전문가는 필요없다》(洋泉社, 2002)의 내용을 바탕으로 하고 있다. 《마음의 전문가는 필요없다》에서 거론했던 문제들을 나카지마 히로카즈와 함께 더 깊이 있게 연구하고 분석하여 각 주제를 상세히 정리한 것이 이 책이다.

오자와 마키코는 앞의 책에서 다루었던 '심리주의'에 대한 고찰과 함께 '마음의 케어' 유행과 페미니즘 상담에 대해 문제를 제기했고, 나아가 당시 초등학교의 도덕교육을 목표로 국가가 제작한 《마음의 노트》에서 사용된 심리주의적 수법을 비판적으로 분석했다. 그리고 공저자인 나카지마 히로카즈는 마음의 전문가가 하는 일이 '마음의 문제 해결'에서 '문제 발생 예방'으로 확대되고 있는 실태에 대해 논했다. 권력을 가진 측에서는 '마음의 전문가'가 '문제'의 싹을 조기에 잘라냄으로써 사회를 관리하는 역할을 해주기를 기대한다. 반면 나카지마는 근래의 심리학이 요구하는 '자기실현' 개념의 위험성에 대해 고찰하고, '문제'의 싹을 즉시 제거하는 것보다 드러나는 '문제' 그 자체를 중시하며 깊이 생각하는 것의 중요성을 강조했다.

그러나 필자들의 걱정과 두려움의 이면에서 '마음의 조작'에 대한 지식이나 기법은 세상에 스며들고 있다. 마음은 모르는 사이에 조작되고 관리가 진행된다. 그렇게 표면의 온화함 뒤에서 사회의 웃음이 사라지고 있다. 사람들은 흡사 로봇 무리와 같다. 관리가 진행된 사회에서는 웃음이 없어질 뿐 아니라 사람들의 말소리도 작아진다. 사람들로 꽉 찬 전철 안의 고요함은 섬뜩할 정도다. 같이 탄 어린아이에게 웃으며 말을 거는 모습도 거의 찾아볼 수 없다. 그뿐만이 아니라 아이의 소리가 시끄럽다고 하는 사람들로 인해 젊은 부모가 주위 사람들의 눈치를 보는 경우도 자주 본다. 심지어 학교나 어린이집에서 들리는 아이들의 소리 때문에 주변 주택가에서 항의를 듣기도 한다. 온화하게 관리된 사회는 아이들이 자라기 힘든 사회이다. 과연 그런 사회에 미래가 있을지 걱정이 된다.

철저한 관리를 목표로 하는 사회는 표면적으로 온화하며 범죄도 줄어든다. 거리에는 어디든지 감시 카메라와 방범용 경보기가 설치되어 있다. 올해 초 일본 신문은 "2015년 형사범의 수는 제2차 세계대전 이래 최저였다"라고 보도했다. 그것은 조용하고 안전한 사회가 되었다는 의미이지만 한편으로는 사람들에게서 생기가 사라져가고 있다는 것이다. 어딘가 답답하다. 관리의 그물망 속에서 활력과 자발성을 잃고 고통을 안은 채 방에만 틀어박혀 있는 젊은이들이 늘고 있다. 요즘 젊은이들은 '살기 어렵다'는 말을 자주 한다. 마음만큼은 자신의 것이라 믿고 싶지만 그것까지 관리 대상이 되고 상품화되는 무력감이 그들을 그렇게 만든 것이다.

반세기 그리고 그 이전에 일본에서 아이였던 사람들은 "사람의 마음은 돈으로 살 수 없다"라는 말을 어른으로부터 자주 들었다. 그리고 "그러니까 사람을 소중히 여겨야해"라는 그 말이 지금까지 이어져왔다. 하지만 현재 사람의 마음은 입장이 강한 사람에 의해 농락당한다. 사람의 마음을 어떻게 온화하게 조작하는가 하는 기법이 일상생활에도 스며들어 마치 마음도 돈으로 살 수 있게 된 것 같다. 마음을 사려는 책들이 서점에 넘쳐난다. 예를 들면 상담 기법이 응용된 '부모 노릇 잘하기'는 아이가 온화하고 기분 좋게 부모를 따르게 하기 위한 것이고, 비즈니스 분야의 '코칭' 또한 경청이라는 상담 기법을 핵으로 노동자의 의욕향상을 목적으로 하고 있는 것이다.

21세기 들어 학교교육에서는 부드러운 색채와 상냥한 언어로 만들어진 《마음의 노트》가 아이들에게 개인의 노력이나 자기책임의 사상을 가르쳤다. 그리고 기업사회나 학교사회, 의료나 복지의 영역에서도 사람들의 '마음'의 관리를 담당하는 상담사가 배치

된 지 오래다. 이와 같이 풍파를 일으키지 않고 상대를 편안하게 조작하는 기법이 다양한 생활영역에 도입되어 보급되고 있다. 인간관리의 영역에 심리학적 기법이 스며들고 마음이 매매되는 듯한 사회가 등장하고 있는 것이다.

'마음의 상품화'가 사람들의 삶에 들어오면서 마음의 치료를 나타내는 '테라피therapy'라는 말이 일상적으로 사용되고 있다. 숲을 걸으면 숲 테라피, 개와 놀면 동물 테라피, 꽃을 키우는 곳에서는 원예 테라피라는 표현이 있을 정도다. 거기다가 '마음의 케어'라는 말이 크게 유행하고 있다. 실제 마음의 케어가 아니라 생활의 케어가 필요한 재해지역 같은 곳에서까지도 말이다.

물론 시대를 막론하고 매일의 기분전환이나 그것을 위한 궁리는 누구에게나 필요하다. 그래서 예로부터 술의 힘을 빌리기도 하고, 친구와 긴 통화로 마음을 나누기도 했다. 잠을 이루지 못할 때, 눈을 감고 양 한 마리, 양 두 마리하며 숫자를 세기도 했다. 그러나 요즘은 성가시게 스스로 노력할 필요가 없다. 즉시 잠이 오게 하는 수면제 같은 상품이 있기 때문이다. 그리고 기분이 우울해지면 병원에서 간단하게 처방받아 항우울제를 사용할 수도 있다. '마음' 관련 약을 사용하는 사람들이 늘면서 최근 제약회사의 매출이 증가하고 있다고 한다. 정신의료나 심리치료를 담당하는 '마음 업계'는 마음을 편하게 해준다며 새로운 판로를 만들어내고 그것을 확대해 나가고 있다.

지금까지 현재 일본에서 일어나고 있는 마음의 통제를 목표로 하는 상품화 사회의 모습에 대해 언급했다. 그렇다면 한국의 상황은 어떨까? 최근 몇 년 사이에 한국을 두 번이나 방문했는데, 인상에 남았던 것은 거리에서 사람들의 소리나 웃음소리가 밝고 활기찼다는 사실이다. 그 활기찬 분위기를 접하면서 과잉관리로 인해 조용하고 침울한 일본 사회의 모습을 다시 생각하게 되었다. 앞으로 한국 사회가 그렇게 되지 않기를 바라는 마음이다.

2016년 9월

오자와 마키코

차 례

들어가며

모든 것을 개인의 책임으로 돌리는 심리주의

"사람들이 왜 심리학에 관심을 가지는가 하면, 혼자서 괴롭기 때문이에요"라고 어느 젊은이가 말했다. 그는 등교거부를 하고 혼자서 괴로워할 때 심리학에 끌렸는데, 이후 대안학교에서 많은 친구들을 만나고부터는 심리학에 대한 관심이 희미해졌다고 한다. 이는 '마음의 케어' 배경에 있는 심리주의의 개인 환원적 성질을 잘 지적하고 있다.

'마음 케어'의 필요성이 주장되기 시작한 한신·아와지 대지진으로부터 10년 가까이 지났다. '마음 케어'라는 말은 재해를 입은 당사자가 아니라 정신과 의사나 심리학자 등으로부터 제기되어 미디어 물결을 타고 바로 사회에 스며들었고, 2004년에는 정신과 의사를 소장으로 하는 '효고 현 마음의 케어 센터'가 설립되었다. 하지만 재해를 입은 사람들의 일이나 주거문제, 지역의 부흥문제 같은 중요한 '생활의 케어'는 과연 제대로 이루어졌을까? 행여 그런 문제들이 '마음'이라는 말에 묻혀 암암리에 '자기책임'으로 몰아

가지는 않을까 염려된다.

이 염려는 하나의 예에 불과하다. '마음'에 관한 전문성이 사람들의 생활에서 발생하는 문제의 상황적·사회적 요인을 숨기고 문제를 개인의 책임으로 환원하는 구도는 널리 존재하고 있다. 그것의 문제성에 천착해 한 학회가 1970년대부터 지속적으로 연구하고 논의해왔다. 나도 학회 회원의 한 명으로 이 주제에 대해 오랫동안 생각해왔다.

그 내용의 일부를 정리해 출판한 것이 《마음의 전문가는 필요없다》[1]이다. '마음의 유행'이 세상을 뒤덮는 시대에 그 흐름에 맞서는 의견 따위는 무시될 것이라는 나의 예상과 달리 다양한 독자로부터 많은 공감을 받았다. 그 가운데 "마음의 케어와 상담 열풍이 이상하다고 생각했는데, 이 책을 통해 그 이상함은 이거였구나 하고 납득할 수 있었다"라는 말이 있다. 어떤 일도 스스로 해결하도록 강요함으로써 전문가 의존도를 강화하는 풍조가 진행되는 가운데, 한편에서는 이에 대한 위화감이 확실하게 존재하고 있다.

그럼에도 불구하고 '마음의 케어'를 비롯한 심리주의적 이론이나 수법이 더욱더 사회로 퍼져 생활영역에까지 파고들고 있다. 학교에서는 국가주의와 심리학적 수법이 결합한 《마음의 노트》라는

1) 2016년 서현사의 오자와 컬렉션 시리즈 5번으로 출간되었다.

도덕 교재가 등장하여 '위'로부터 압력이 가해지고 있다. 그리고 일상에서는 사람들의 관계를 중시하는 것보다 손쉬운 관계 기법을 습득하라는 사고방식도 강해지고 있다. 게다가 상담은 이미 '치료'라는 좁은 의미에서 벗어나 모든 아이나 어른에게 성장촉진이나 내면의 계발, 혹은 문제의 예방이나 생활의 관리도 짊어지게 하고 있다.

사람들의 내면을 부드러운 치장으로 교묘하게 관리하는 '마음의 전문성'은 시대의 총아로 지배층에 의해 환영을 받고 있다. 이 책에서는 《마음의 노트》 같은 새로운 문제들에 대해서는 내가 담당했다. 다만 상담구조의 파악방법이나 비판의 근거 등 기본적인 논의는 이전의 책인 《마음의 전문가는 필요없다》에서 설명하고 있으니 두 책을 서로 보완한다는 생각으로 읽어주면 고맙겠다. 앞의 책에서는 심리학에 의한 인간관리적 측면을 거의 거론하지 않았지만 이 책에서는 나카지마 히로카즈가 다루고 있다. 나카지마는 학계에서 오랫동안 이 문제를 연구해온 친구다. 심리주의가 사회에 퍼지는 문제에 대해 넓은 시야로 깊이 있는 분석을 하는 나카지마와 함께할 수 있음을 행운이라고 생각한다.

2004년 4월 25일

오자와 마키코

제1장

심리주의란 무엇인가

오자와 마키코

1 심리주의를 어떻게 인식할 것인가?

'마음'이라는 단어의 범람

'심리학적인 것'이 점점 사회에 깊숙이 스며들고 있다. 이 현상은 마음의 케어, 마음의 교육, 마음의 위기, 마음의 어두움 등 일단 '마음'이라는 말이 들어가는 단어의 범람에서 나타나고 있다. 예전에는 위로나 기분전환이라고 표현했던 일상의 말이 언제부터인가 마음을 힐링한다는 표현으로 바뀌었다. '힐링'이라는 명사가 확산되면서 힐링 제품이라는 상품도 생겨나고 풀이 죽은 상태를 마음의 감기로 표현하거나 마음의 테라피라고 하는 표현도 보인다. 2003년 방영된 NHK 일일연속극의 주인공 이름이 '고코로(마음)'이었던 것도 그저 우연이라고 생각되지 않는다. 최근엔 심리학을 공부해서 심리상담사가 되고 싶어 하는 젊은이가 점점 늘고 있는 듯하다.

앞에서 '심리학'이 아닌 '심리학적인 것'이라고 적었다. 심리학을 엄밀하게 정의하고 논의하면 상아탑 안의 이야기가 된다. 여기에서는 학자나 전문가들의 세계에서만 통하는 그런 좁은 의미의 이야기를 하려는 것이 아니다. 상아탑에서 빠져나와 사람들의 생활세계로 확산되어 사회 곳곳에 스며들어 있는 심리학적 발상이나 대응 그리고 상품화의 문제, 즉 사회현상으로서 심리학의 대중화와 조작성, 그리고 정치성에 대해 고찰해보고자 한다.

물론 심리학과 '심리학적인 것'은 깊은 관계가 있다. 이 책에서는 '심리학적인 것'에 대해 논하면서 심리학이라는 학문이 갖는 사회적 기능을 조명할 것이다.

한 단어로 심리학이라고 해도, 그 영역은 넓고 다양하다. 여기서 주로 거론하는 것은 '인간관계', '내면 개발', '마음의 치료와 예방', '인간관리' 등과 관련한 대중화된 심리학의 측면과 그 배경에서 기법과 이론을 제공하는 임상심리학임을 미리 밝혀둔다. 이러한 유행은 현재의 시대상황을 반영하며 이는 다시 사람들의 상태에 영향을 미치면서 되풀이되고 있다. 특히 이러한 현상이 두드러지게 된 것은 1990년대에 들어서면서부터이고, '개인의 능력'에 한층 더 초점을 맞추게 된 정책적 변화와도 연관이 있다.

이 책은 현재 사회에 깊이 스며들고 있는 심리주의에 대해 의문과 비판을 던지는 입장에서 쓰였다. 여기서 말하는 심리주의란 인간의 상태나 행동 그리고 사회현상을 임상심리학적 관점에서 인간 내면의 문제로 환원하여 해석하고 설명하며 '개선·해결'하려는 입장을 의미한다. 그리고 이 심리 환원적 입장을 중시하는 태도를 포함한다. 물론 심리치료와 상담도 이 범주에 들어 있다. 반대로 필자가 서 있는, 심리주의를 배격하는 입장은 사람이 놓여 있는 상황이나 사회적 관계도 포함하여 사람의 행동이나 사회현상을 이해하려는 것이다.

물론 개인으로서의 인간과 사회적 존재로서 인간의 두 가지 측면은 간단히 나눌 수 있는 것이 아니다. 심리치료의 움직임 중에서도 이분법적 근대주의의 입장을 취하지 않는 사회구축주의로 불리는 포스트모더니즘의 입장이 등장해서 확산되고 있다. 그러나 심리치료, 심리주의의 기본적인 문제는 바뀌지 않았다. 왜냐하면 임상심리학을 핵으로 삼는 심리주의는 기본적으로 사건과 현상의 개인 환원적 관점 없이는 성립될 수 없기 때문이다. 이 점을 먼저 인식해야 한다.

분업적 관리체제에서 간과되는 전체성

이해하기 쉬운 한 가지 예를 임상심리학자의 글에서 빌려오겠다. 한 교육관련 잡지의 특집 '인간관계를 만드는 정신 케어' 안에는 다음과 같은 비유가 나온다.

"교실을 많은 잉어가 헤엄치고 있는 연못으로 비유해보자. 나와 같은 상담사의 일은 그 잉어들 가운데서 조금 기운이 없는 잉어, 먹이를 먹지 않는 잉어, 다른 잉어들에게 괴롭힘을 당해서 약해진 잉어 등을 발견했을 때, 그 잉어를 살짝 다른 수조에 옮겨서 정성스럽게 돌보아 기운을 회복시켜 다시 연못으로 돌아갈 수 있게 지원하는 것이다. 한편, 교사의 일은 연못 전체를 관리하고 모든 잉어가 별 탈 없이 성장하도록 지도하는 것이다. 어느 쪽도 결코 쉽지 않고 엄청난 에너지를 필요로 하는 일이지만 어려움의 '질'이 다른 것이 아닐까 하는 생각이 든다."(스가 사와코菅佐和子, 2004)

이 비유는 상담사와 교사의 일의 분업체제를 적절하게 표현하고 있다. '문제'가 있는 잉어는 다른 장소로 옮겨져 정성스럽고도 친절한 개별지원을 받는다. 교사는 잉어 무리 전체를 보며 연못을 총괄한다. 그런데 자칫 잘못하면 중요한 문제가 간과될 수 있다. 만약 연못 물에 문제가 있을지도 모른다는 생활상황적 측면을 누가 신경 쓰느냐 하는 문제이다. 잉어의 숫자가 너무 많아 산소가 부족한 상황일 수도 있고, 먹이가 지나치게 많아 물이 더러워졌을지도 모른다. 잉어 자신, 당사자 자신은 괴로움의 원인을 암시적으로든 명확하게든 느끼고 있다.

그러나 분업적 관리체제가 진행될수록 대상에 대한 전체적인 시야를 잃게 되고, 당사자에게서 직접 배울 수 있는 중요한 관점을 놓치기 쉽다. 이는 연못의 잉어 문제에만 국한된 것이 아니다. 그런데다 고도로 분업화된 체제는 그곳에서 일어나고 있는 문제의 본질을 의식하든 의식하지 못하든 점차 관리자나 전문가를 위한 논리로 빠져나갈 가능성을 다분히 가지고 있다. 이 문제에 대해서는 뒷장에서 논하겠지만, 여기에서는 심리주의에 비판적인 필자의 입장이라는 것이 상황이나 사회적 관계를 시야에서 떼어내는 일 없이 모든 것을 파악해 대응하는 것을 목표로 하는 입장,

즉 잉어가 사는 연못의 문제를 시야에서 떼어내지 않는 입장이라고만 말해 둔다. 잘게 나눈 것은 다시 합쳐도 원래의 모습이 될 수 없다.

사회적 불평등의 은폐

조금 더 문제를 좁혀보자. 심리주의 입장은 개인으로서 인간의 내면을 대상으로 하고 이것을 중시하기 때문에 거기에서 전문가에 의한 '마음의 치료·성장'의 사고방식이 도출된다. 한편 심리주의 비판의 입장은 '마음의 치료·성장론'이 상황적·사회적 원인을 경시하고 '문제'를 개인의 내면, 기껏해야 가족 수준에 가두어 왜곡해버린다고 간주하여 그것에 동의하지 않는다.

개인의 내면을 중시하는 심리주의는 개인이 자기해결 능력과 자기실현 능력을 높이고 자기관리 능력을 더하여 스스로를 책임지도록 하는 자기교육을 중시한다. 이 관점은 1980년대 후반 이후 교육정책으로도 시대를 휩쓸었다. 한편 심리주의 비판의 입장에서는 사람들이 서로 관계 맺고 살아가려는 관점을 잃고 서로 지지하는 힘을 약하게 하는 방향을 가진 것으로서 경계되고 있다. 심리주의는 개인의 다름과 개성을 강조한 결과, 평가행위나 능력주의와 결합하여 사람과 사람의 횡적 연결을 방해하기 쉽기 때문이다.

최근 들어 부와 권력을 가진 자와 그렇지 못한 자 사이의 양극화가 진행되고 있다. 그것은 1980년대 말 냉전구조가 붕괴된 후에 확산된 세계시장화, 즉 경제 글로벌화가 가져온 현상 가운데 하나이다. 일본도 그 소용돌이 속에 있다는 사실은 말할 것도 없다. 예를 들면 2003년 9월 22일 신문에 보도된 금융홍보중앙위원회의 발표에 따르면 저축을 하지 않는 일본 가정이 처음으로 20%를 넘어선 반면, 금융자산을 가진 가정의 평균보유액은 역대 최고에 이르렀다고 한다.

이러한 사회적 불평등이 진행되고 있는 현재, 심리주의는 뒷장에서 논할 내용처럼 새로운 인간관리 수법을 제공함으로써 사람들의 불만을 차단하고 제동 없는 자유경쟁에 의한 계층화 사회의 구조를 은근히 뒷받침하고 있다.

2 심리주의가 스며든 사회적 배경

개별화의 진행 – 인간관계에 대한 갈망

심리주의가 스며든 사회적 배경의 첫 번째 원인은 인간 개별화의 진행과 공동성의 쇠퇴이다. 사회 전반에 심리주의가 퍼짐과 동시에 고도의 정보화와 극도의 소비사회화기 진행되었다. 이와 관련해 특히 이 책의 주제와 직접적으로 연결되는 것은 개인화, 개별화의 진행문제이다. 가정에서는 가족 개개인이 자신의 방을 갖고 개인별 일정에 따라 자유롭게 움직인다. 개별 식사, 일인용 가전제품이라는 말도 생겨났다. 고도의 소비사회에서는 혼자 사는데 불편함이 없다. "혼자서는 먹고살기 힘들지만, 둘이서는 먹고살 수 있다" 라는 예전의 말은 죽은말이 되었다. 실제로 "돈과 컴퓨터만 있으면 충분히 살아갈 수 있다"고 하는 젊은이의 말을 들었다. 개별화를 보완하는 것은 다양한 정보이다.

그러나 그런 생활 속에서 누락되고, 결정적으로 부족해지는 것은 사람 간의 직접적인 인간관계다. 그리고 그것 없이는 실제로 살아가기 어렵다. 사회에서 요구되는 인간관계력을 갖추는 데 지장이 생기고 스스로에게 자신감을 갖는 것이 어렵기 때문이다.

이십여 년 전까지만 해도 한 집에 전화기가 한 대 있는 것은 일반적인 일이었다. 집 안에서 어른이 전화로 하는 말이 슬며시 들리므로 그것은 아이와 젊은이에게 관계의 모습을 아는 하나의 계기가 되었다. 부탁이나 사과와 관련한 존댓말이 들어간 화술 등은 일상적인 구어에서 접해야만 몸에 익힐 수 있다. 1990년대 중반쯤부터 휴대전화가 급속히 보급되어 전화가 한 집에 한 대가 아니라 한 사람당 한 대가 되고부터는 그러한 관계 규범을 자연스럽게 듣고 배우는 기회가 극도로 줄었고, 무례한 전화예절을 어른이 나무라는 장면도 사라졌다. 번거로움도 없지만 살아가는 방법을 몸에 익힐 수도 없는 일상이다.

사사키 켄佐々木賢은 《부모와 교사가 조금 즐거워지는 책》(2002)에서 다음과 같은 일화를 소개하며 의견을 말했다. 한 대학교수가 국어표현법 수업에서 히라가나로만 쓴 문장을 한자와 히라가나를 함께 사용한 문장으로 고치는 과제를 학생들에게 주었다. "다음에 찾아뵙겠습니다"라는 답 대신 "곤도(라는) 모기가 있습니다"라고 적은 학생이 있어 놀라 다음 수업시간에 이유를 물었더니 '찾아뵙다'라는 표현을 몰랐다는 것이다.[1] 그 대학교수는 대학생의 부

1) 다음에 찾아뵙겠습니다今度伺います와 곤도라는 모기가 있습니다近藤蚊がいます라는 문장은 둘 다 동일하게 곤도우카가이마스こんどうかがいます라고 읽는다. 일본어는 문법상 띄어쓰기가 없지만 '아버지가 방에 들어

실한 기초학습 실태를 한탄하며 그 투고를 했는데 그것을 읽은 사사키는 이렇게 말했다.

"이 대학생은 '찾아뵙다'는 말을 일상에서 사용하지 않았던 것이다. 보통 어른이 사용하는 말을 스무 살이 될 때까지 사용하지 않을 정도로 사람들과 만나거나 대화를 나누는 생활을 안 했기 때문이다. 기초학습의 부족보다 이쪽이 더 문제가 아닐까?"

이 지적은 중요하다. 요즘 연장자와의 대화를 접할 기회가 줄어든 젊은이들의 일상을 생각하면 그야말로 있을 법한 일화이다. 하지만 이 학생은 인공지능 관련 지식과 기술에 관해서는 앞의 대학교수보다도 앞섰을지 모른다. '학력저하'를 탄식하는 목소리는 아이와 젊은이들의 이러한 환경변화를 고려하지 않은 경우가 많다. 이 환경변화와 상담을 비롯한 심리학적 기법에 대한 관심과 기대는 연결되어 있다.

이전에 대학에서 강의할 때 학생들에게 "상담에서 무엇을 기대하는가?"라고 물은 적이 있다. 가장 많았던 대답은 '적절한 지도와 조언을 받는 것'으로 상담의 일반적인 기법에서는 벗어나 있었지만 자신을 이끌어주는 안전한 것에 대한 기대나 의존욕구가 나타났다. 그 욕구에 응해줄 사람이 없는 상황을 반영하는 것이다. 그 다음으로 응답이 많았던 것은 "사회적응을 시켜주는 것", "고민을 해결해주는 것", "마음을 안정시키는 것" 등의 내용이 이어졌고

가신다', '아버지 가방에 들어가신다'와 같이 띄어쓰기를 잘못해서 뜻이 달라진 예라고 볼 수 있다.-옮긴이.

"자신을 성장시켜주는 것"과 같은 자기성장이나 자기확립에 대한 기대도 많이 볼 수 있었다. 역할모델로 삼을 어른들을 볼 기회가 적고 친구들 사이에서 부대끼며 사람과 사람 사이의 관계를 배울 자리도 풍족하지 않다. 개별화된 환경에 익숙해져 있어서 사람과 부대끼는 것을 두려워한다. 그 상황에서 젊은이들은 자신을 성장시켜 자신감을 가질 수 있도록 하는 단서를 찾고 있을 것이다. 그리고 이 문제에 손쉬운 해결방법 같은 것이 없음에도 불구하고 불안이나 괴로움에 쫓겨 심리주의적 세계와 기법에 환상을 품는다. 상담 관련 종사자도 상담은 자기성장에 기여하는 방법을 제공하는 것이라고 선전하는 경향이 있다.

실제로 젊은이들이 지금 몸에 익히고 싶어 하는 능력 가운데 대표적인 것은 인간관계력인 듯하다. 대학 수업에서 학생들에게 "기초학력이란 무엇인가"라고 질문했던 사쿠라이 지에코桜井智恵子는 예상 외의 답변에 놀라면서 이렇게 말했다.

"기초학력이라고 하면 예전에는 '읽기, 쓰기, 계산의 3R's라고 상투적으로 답했는데, 이 답은 24%로 2위였고, 1위는 '인간관계·커뮤니케이션 능력'으로 36%였다. 그 이유에 대해 학생들은 이런 식으로 적었다. '(기초학력은) 얼마 전까지만 해도 계산 능력, 기억력, 읽기·쓰기 능력이라고 생각했지만 현재의 학력은 풍부한 상상력, 소통 능력이라고 생각한다. 기초학력이란 스스로 생각하고 생활하거나 사람과 어울리는 데 필요한 능력과 지식, 그리고 지혜를 익히는 것이라고 생각한다."(사쿠라이 지에코, 2001)

생생한 인간관계가 줄어드는 현실

그러나 인간관계력은 쉽게 얻어지는 것이 아니다. 그것은 전체 상황을 포함한 경험의 수와 시간의 산물이기 때문이다. 앞에서도 말했지만 과거 아이들은 어른들의 대화 모습을 은연중에 보고 들으면서 관계를 형성하는 방법을 자연스럽게 익혔다. 가족이나 손님의 말투, 이웃 어른들이 지나가다 나누는 이야기, 다툼과 중재, 상점에서 흥정을 포함한 대화 등 생생한 목소리와 표정에서 관계의 전체적이고도 미묘한 모습을 알아, 어느새 그것들을 몸에 익혔다. 그것은 생활과 상황 속의 모습이기에 문자와 지식에서 배울 수 있는 것이 아니며 매뉴얼이나 심리주의와 유사 인간관계 훈련으로 채울 수 있는 것이 아니다.

관계의 모습은 유동적이고 전체적이며 실로 살아 있는 것이다. 따라서 그 모습을 알기 위해서는 생활 속에서 생생한 체험을 풍부하게 해야 하며 살아 있는 모델이 반드시 있어야 한다. 하지만 이 조건은 빈곤해지고 있다. 각자의 방에서 컴퓨터 앞에 앉아 있는 생활, 이웃과 교류 없음, 편의점에서 말 한마디 없이 물건 사기, 녹음된 음성정보의 넘쳐남, 역의 무인발매기와 자동개찰, 어디에서도 생생한 살아 있는 기분은 찾아볼 수 없다. 이렇게 인간관계에 대해 배울 조건을 빼앗기면서 한편으로는 전례가 없을 정도로 인간관계력이 요구되는 것이 지금의 젊은이들이다. 왜냐하면 현재 있는 직업의 압도적인 다수를 차지하는 서비스산업에서 인간관계는 떼어낼 수 없는 부분이기 때문이다.

서비스산업 취업비율이 과반수를 넘은 것이 1970년대 후반이니까 벌써 사십 년 가까이 되었다. 먹고살기 위해 읽기·쓰기·계산 능력이 필요했던 업종은 사무직이 많았고 전자사전이나 계산기가 보급되기 전의 일이었다. 그때는 기계를 조작하고 수리하는 현장 육체노동도 많았다. 오늘날 직장이라고 하면 보통 서비스 관련 직종이고, 이런 직장에서는 인간관계가 가장 중요하다고 젊은이들이 받아들이는 것도 자연스럽다. 하지만 역설적이게도 이 시대는 이러한 역량을 몸에 익혀야 한다는 점에서 역사적으로도 가장 불리한 시대이다.

인간관계력 같은 것은 즉석으로 갖출 수 있는 것이 아니라 시간의 축적이 필요하다는 연장자의 생각에 젊은이는 귀를 기울일 수 없다. 느긋하고 태평하게 있을 때가 아니기 때문이다. 사회로 나온 순간 바로 인간관계를 실수 없이 소화해낼 수 있는지가 요구되고 '인간관계력'에 대한 평가가 기다린다. 그렇기에 사람들은 즉석에서 이 능력을 손에 넣을 수 있는 정보를 찾게 되고 그 결과, 그것을 위한 지식이나 기법을 제공한다고 주장하는 심리학적 서적이나 워크숍 등이 번성한다. 학교교육도 아이들에게 살아갈 능력을 키워준답시고 이런 종류의 기법을 받아들이기 시작한다. 그리고 그만큼 살아 있는 관계 속에서 보내는 시간은 더 줄어든다. 이렇게 중요한 것들이 점점 사라지는 것이다.

심리주의의 유행은 생활의 기본인 사람과 사람의 관계를 빼앗긴 사회가 안고 있는 곤란함에 대한 문제해결을 심리학적 수단과 방법에 의존한다는 엉뚱한 대응이 확산되는 것을 반영하고 있다.

기다리지 않는 소비사회의 '윤리'

두 번째 원인은 시간요인을 인정하지 않는 소비사회의 사상이다. '기다리게 하지 않고 바로 응대합니다'가 소비사회의 규범이다. 그것이 요구되는 서비스이자 '선'의 기준이다. 예를 들어 최근 몇 년간 가속화하는 택배업계에서도 '빠르게, 언제든지'를 서비스 목표로 치열하게 경쟁하고 있다. 그리고 우리는 그런 서비스를 요구하며 누리고 있다. 그런 소비사회의 기준이 사회에 스며드는 가운데 물건만이 아니라 '마음'에 대해서도 동일한 발상을 갖게 되는 것은 무리가 아닐지도 모른다. 하지만 그것은 없는 것을 달라고 조르는 것과 같다. 사람의 생활에서 시간요인을 제거할 수 없기 때문이다.

예전에 대학수업 중에 '고민을 해결한다는 것은 무엇인가'라는 주제에 대해 한 학생이 다음과 같이 이야기했다.

"고민할 때 시간을 들여 끊임없이 생각한다는 의견이 있습니다만 그래서는 안 됩니다. 시간을 두고 생각한다는 것은 예를 들어 왕따 문제가 일어났을 때 시간에 맡기자, 이제 곧 사태가 달라질 것이라며 방치하는 것과 같습니다. 문제는 바로 해결하지 않으면 해결되지 않습니다."

이 의견에 대해 다른 학생들의 반론도 많이 나왔다. 하지만 이것은 하나의 특징적인 의견이다. '즉각적인 해결'이 선이라고 간주되는 사회배경이 있기 때문이다. 물론 왕따 문제를 눈치챈 사람이 그곳에서 피하기 위해 시간의 유효성을 제기하는 것 등은 논외이다. 하지만 역설적이게도 시간에 쫓겨 세찬 경쟁에 노출되는 아이들의 생활 그 자체가 아이들에게 괴로움을 가져와 왕따 문제를 불러일으키는 토양을 만든다. 속도와 즉결을 요구하는 사회와 왕따 문제는 결코 무관하지 않다.

그런데 소비사회적 발상 속에서 시간은 단순히 적이고 고민은 생활의 결함 부분이 된다. 고민, 즉 불쾌감은 즉각 시원시원하게 없애는 것이 당연하다고 생각하는 사람이 늘고 있다. '젊어서 고생은 사서도 한다' 등의 말은 이제 통용되지 않는다. '소비는 미덕'이라는 말이 조심스럽게 등장했던 1960년대부터 벌써 50년이 지났다. 소비자는 왕, 쾌적함이야말로 선이라 간주되는 현재 사회에서는 '시간을 들이지 않고 마음의 불쾌감을 없애고 싶다'라는 요구가 강해진다. 고락을 함께한다는 말도 멀어져가며 오로지 쾌락만이 관심사가 된다. 이런 사실도 심리학적인 것에 대한 기대와 그런 종류의 업종을 증가시키는 요인이 되고 있다.

단기요법의 보급

문제의 즉각 해결이라는 소비자의 요구는 '마음의 치료'를 맡는 전문가에게도 당연히 영향을 준다. 요즘 '단기요법'이라고 불리는 기법이 성행하고 있는 것도 그 나타남의 한 가지 예이다. 이 분야의 어떤 책 표지에는 "임상심리학의 새로운 방향을 제시한

이 책은 치료를 효과적이고 효율적으로 만들어줍니다"라며 효율성이 중요하다고 주장한다. 본문에는 한 예로 등교거부 중학생의 사례를 들고 있다(와카시마 고분若島孔文, 2000).

"학교에 가고 싶지만 갈 수 없다"고 하는 중학교 3학년 남학생과 그 학생의 어머니에게 '신단神壇 접근법'이라고 이름한 의식을 행하게 해서 단기간에 치료에 성공했다고 전한다. 구체적으로, 등교문제로 모자가 아침부터 옥신각신하는 상황을 해결하기 위해 아침에 어머니가 말하는 "학교에 가!"라는 메시지가 아니라 그 집안의 장남으로서 "학교에 가!"라는 메시지를 강조해서 모자가 함께 의식을 행하기 위해 신을 모신 제단으로 간다. 등교를 개인의 과제에서 장남 역할의 과제로 변화시키는 것이다. 아침 의식으로 신단에 물을 올리고, 모자가 함께 손을 모아 절하는 행위를 함으로써 상담 11회 만에 성공적으로 마치게 되었다고 한다.2)

이런 종류의 수법은 고민을 본인의 생활 전체에서 분리하여 '곤란한 행동'만을 암시적으로 잘라내 없애버리는 수단이라고 해도 좋을 것이다. 빠르게, 생각할 필요 없이 '해결'을 맡아 해준다는 점에서 이것은 소비사회의 원칙에 잘 들어맞는다. 살아가는 것은 소비하는 것, 전문가라고 일컫는 사람들에 의해서 우리가 살아간다고 하는 도식이다.

---

2) 일본의 가정집이나 사무실에서는 신단神壇을 흔히 볼 수 있는데 이는 가정이나 사무실 내의 작은 신사라고 볼 수 있다. 어느 특정한 신이라기보다는 여러 신들이나 수호신들에게 기도하기 위한 것이다. 종교적이라기보다는 문화적인 것에 더 가깝다.-옮긴이.

자신의 인생을 생각하며 살아가는 모습은 어디로 가버렸을까? 예를 들어 등교거부라는 '문제'가 현재의 학교화化 사회를 자신이 어떻게 살아갈 것인가라는 상황에 대한 '문제제기'라는 사고방식은 사라져 버린 걸까? 분명 그렇지는 않을 것이다. 왜냐하면 사람이 시간 속에서 태어나고, 자라며, 변화해 가면서 생을 마감한다는 신체의 사실은 흔들림이 없으며 변하는 것이 아니기 때문이다. 하루의 시간, 계절의 순환도 변하지 않는다. '문제'를 만나 고민하는 것도 자신들이 살아가는 삶 안에 포함되어 있다는 사고방식이 간단히 없어지지는 않을 것이다.

"인간관계는 돈으로 살 수 없다"라는 말은 한 세대 전의 삶에 어울리는 말로 "그러기에 관계를 소중히 하라"는 교훈으로 이어졌다. 현재에도 이 말이 완전히 사용되지 않는다고는 말할 수 없다. 하지만 시장화에 제동을 걸었던 '인간관계' 영역은 진행하는 소비사회 속에서 맨 마지막으로 남겨진 거대한 시장, 즉 '마음의 시장'으로 바뀌어 제동 없이 퍼져나간다.

개성의 강조 – 새로운 선별 구조

개개인이 제각기 능력이나 빠름을 경쟁하는 시대는 개인차에 민감한 시대이기도 하다. 심리주의가 만연하는 이유 중 한 가지는 '개성'을 강조하는 시대풍조가 있다.

'사람은 모두 다르고, 개성은 다양하다'라고는 말하지만 결코 '그래서 재미있구나'로 끝나지 않는다. 만약 거기서 끝난다면 애초에 차이를 거론할 필요도 없다. 실제로 개성이란 '좋다고 평가되는 바람직한 개성'이며, 바람직하지 않은 개성, 소위 문제라고 간주되는 개성은 교정이나 치료, 혹은 특별교육의 대상으로 여겨진다. 그 어느 쪽도 아닌 개성은 '평범하고 개성이 없다'라는 언어 모순으로 끝난다. 이렇게 개성은 거의 능력의 동의어가 되어가고 있다. 개성은 흡사 각각 대등한 존재인 듯한 차림새를 하고 있지만 현실에서는 엄격한 선별을 덮어 가리는 베일 같은 역할을 하고 있다. 개개인이 독자적인 존재인 것은 분명하지만 개인성이 개성이라고 이름 지어진 순간, 평가해서 선별하는 구조가 이 사회에서 기다린다.

특히 1980년대 후반 이후 어린이나 젊은이는 개성을 소중히 해야 한다는 말에 둘러싸였다. 구체적으로 말하면 임시교육심의회 이후의 일이다. 개성화, 자유화, 글로벌화 등 사람들을 매료시키는 말로 가득한 심의회의 발표였지만 실제로는 개성의 선별과 자유경쟁의 격화 그리고 글로벌 엘리트 양성이 그 내용이었다. 그러나 개성의 시대라고 하는, 언뜻 보기에 긍정적인 말의 구속력은 강하다. 부모들도 아이들의 개성을 살려 원하는 일을 시키고 싶다고 소망하며 그 메시지를 자녀에게 전한다. "너의 개성에 맞는 좋아하는 일을 찾으렴"하며 말이다. 그것은 부모에게는 자연스러운 소망이라도 아이들이나 젊은이들에게는 무거운 과제이다. 왜냐하면 젊은 나이에 외부에서 인정받는 개성을 가지고, 사회에 나가기 전부터 자신에게 맞는 좋아하는 일을 선택한다는 것은 무리한 과제이기 때문이다. 다양한 어른들을 접하면서 '저런 어른이 되고 싶다'고 미래의 역할모델을 보며 꿈 꿀 기회도 아이들에게는 크게 줄어들고 있다. 어른들의 입장에서는 '하고 싶은 일을 찾으라'고 하는 가볍고 호의적인 격려라고 해도 젊은이들에게는 우울한 숙제가 된다.

'자아탐구'나 '진정한 자아' 등의 종잡을 수 없는 개념이 젊은이들을 비롯하여 사람들을 흔들어놓은 것도 지난 이십여 년 동안 벌어진 현상이다. 만약 그런 주제의 답이 있다면 그것은 인생이 거의 끝나갈 무렵에야 겨우 실감하게 되는 것일 텐데도 젊을 때부터 서둘러 '자기확립'을 강요당한다. 게다가 가차 없는 능력주의도 기다리고 있다. 세상에 나서길 꺼리며 그만 집 안에 '틀어박혀'버리는 심정도 이해가 된다.

문부과학성(우리나라의 교육부)도 개성의 육성을 최우선 교육목표로 내세웠다. 2003년 5월에 발표된 문부과학성 정책 교육의 구조개혁에서도 '개성과 능력의 존중'이 우선과제였다. 그러나 그 설명을 보면 "한 명, 한 명, 아이들의 개성과 능력에 맞는 면밀한 교육을 전개하는 것이 중요하다"라고 하면서 구체적으로는 성취도별 학습 등을 통해 아이들을 능력별로 나누는 일로 연결하고 있다. '개성의 존중'이라는 것이 사실은 다양한 아이들이 만나 함께 지내는 것을 존중하지 않는 입장인 것이다.

이는 아이와 젊은 세대뿐만이 아니다. 기업에서 일하는 성과주의 임금제도에 노출된 중장년세대 및 일자리를 찾는 여성들도 마찬

가지 상황이다. 여성 문제로 말하자면 고이즈미 내각의 재무 장관을 맡아 유명해진 시오카와 마사주로塩川正十郎가 문부대신(우리나라의 교육부장관)이었을 때 "여성은 일을 하러 나가더라도 아이의 의무교육 기간 중에는 가정으로 돌아가는 편이 좋다"라고 말해서 여성들에게 항의를 받은 것이 1987년의 일이었다. 그러나 2000년대에 들어서자 "사람의 살아가는 방법 · 개성은 다 다르다", "여성의 인생도 스스로의 노력으로"라는 개인 해결의 분위기가 사회를 지배했다. 여성의 인생 선택에 '승자 · 패자'라는 말까지 등장할 정도였다. 이렇게 하여 사람들은 '자신다움'의 확인을 강요당하고 '자기성장'의 압력에 떠밀려 그것을 도와준다고 주장하는 심리주의적 자기개발 기법에 관심을 가지게 되는 것이다.

3 개성의 서열화와 심리학

개인차 연구와 우생사상

개성이라는 말이 주는 구속은 쉽게 다룰 수 있는 것이 아니다. 한 명, 한 명의 개성이 훌륭하다고 하는 '미사여구'는 곧바로 환영받고, 그것에 의문을 품으면 쉽게 반박 당한다. 개성을 키워 서로가 그것을 소중히 아끼는 것이야말로 관계의 기본이다. 중세시대도 아니고 개인차나 개성에 의문을 품는 일 등은 이해할 수 없다는 말이 당장이라도 들릴 듯하다. 하지만 개성에 대한 관심은 개인의 차이를 비교하고 평가하는 일과 결합하여 인간을 서열화하는 것과 떼놓을 수 없는 운명에 있다는 것을 명확히 해두지 않으면 안 된다.

그 역사를 한번 거슬러 가보자. 개인의 차이에 대해 강한 관심을 가진 임상심리학을 19세기 후반의 기원까지 올라가보면 골턴이라는 영국의 한 연구자와 만나게 된다. 그는 진화론을 제기한

다윈의 사촌으로 인간의 개인차에 관심을 가지고 연구를 시작한 선구자 중 한 명이다. 골턴은 심리학자라기보다는 통계학이나 인류학, 그 외 여러 분야에 관심을 가지고 연구를 거듭한 사람으로 이마다 메구미(今田恵, 1962)에 의하면 그 실적을 집대성한 저작이 《인간의 능력과 그 발달에 관한 연구》(1883)이다. 그는 사람의 얼굴 생김새와 지문 등의 신체적 특징을 비롯하여 지적, 성격적, 정신기능의 차이를 포함한 다양한 개인차를 측정하고 비교했다. 그 연구의 결론은 어떻게 해야 영국민족을 보다 뛰어나게 만들 수 있을까 하는 내용이었다. 그것은 즉, 좋은 교육을 받고 좋은 부모가 되기에 적합한 사람을 주의 깊게 선정함으로써 좋은 종족을 만들어나갈 수 있다는 것이다(《천재와 유전》, 1869).

여기서 우생사상이라는 말이 바로 떠오를 것이다. 말 그대로 골턴은 우생학Eugenics이라는 용어를 만든 사람이기도 하다. 이 말과 사상은 인간차별의 근본에 있는 것으로 현재는 강한 비판을 받고 있다. 그러나 그 기반이 개인차에 대한 관심과 연구에 있었다는 사실을 아는 사람은 드물 것이다.

'개성의 평가'를 위한 봉사

지능검사를 최초로 고안한 비네에 대해서도 흥미로운 보고가 있다. 1905년 그는 세계에서 처음으로 지능검사를 완성했다. 비네는 인간의 판단 추리 등의 심리적 과정에 관심을 갖고 사람을 주관(서정)형과 객관(서사)형으로 나누었다. 이런 비네의 지능연구의 근원에는 두 딸의 개성이 다름에 대한 관심이 영향을 준 것으로 생각된다. 오무라 마사오(大村政男, 1985)에 의하면 비네는 딸들이 마로니에 잎에 대해 쓴 글에 관심을 가졌다. 그것은 다음과 같은 내용이었다고 한다.

언니의 작문

제 눈앞에 있는 잎은 가을에 딴 마로니에 잎입니다. 왜 가을인가 하면 두 장의 작은 잎을 제외한 나머지는 모두 누렇게 변했기 때문입니다. 마로니에 잎은 일곱 개의 작은 잎으로 되어 있습니다. 이 잎은 모두 같은 크기가 아닙니다. 일곱 장의 작은 잎 중 넉 장은 다른 세 장보다 훨씬 작습니다.

동생의 작문

이것은 가을바람에 힘없이 떨어진 마로니에 잎입니다. 지금은 길가에서 흩날리다가 조금 있으면 다른 잎들과 함께 헛되이 죽어갈 운명을 가진 가련한 잎. 어제는 살아 있었지만 오늘은 가지에서 자신을 스쳐지나가는 피할 수 없는 기습을 기다리고 있었던 것이겠지요.

능력의 수량화를 목표로 하는 일의 배경에 개인이 가진 특색의 차이, 즉 개성에 관심을 갖는 비네의 모습을 전하는 일화가 존재한다는 사실은 흥미롭다. '사람은 제각각'이라고 하는 개인차에 대한 관심은 곧 인간에 대한 관심이라고 해도 좋겠지만 그 관심은 개성을 평가·서열화하는 작업과 언제나 종이 한 장 차이이다. 심리학이 유행하는 시대는 사람을 비교·평가하는 데에 관심이 높아지는 시대이기도 하다.

학문과 정치의 결합

개인차에 관심을 가지면서 능력 연구와 그것의 수량화에 관심을 기울이고 있던 비네의 작업은 어떤 식으로 지능 척도의 작성과 보급에 결합된 것일까? 연구자의 지적 관심과 정치적 권력의 결합이라는 상투적인 모습이 여기에서도 볼 수 있다. 1904년 비네는 파리시 교육장으로부터 어떤 의뢰를 받았다. 그것은 학급 안에서 평범한 아이들의 학습을 따라갈 수 없는 지진아를 특수학급에 넣기 위해 조기발견하기 위한 검사를 개발해 달라는 것이었다. 비네는 이 요청에 응해서 의사인 시몬과 함께 이듬해 지능검사를 완성하였고, 아이들을 '지능'이라고 이름 붙인 한 종류의 능력으로 갈라놓는 최초의 도구를 제공했다.

개인차나 개성이라고 불리는 개인의 특징에 대한 흥미와 관심은 멀게는 그리스시대부터 존재했다. 어느 시대, 어느 사회에서나 인간의 차이에 대한 관심은 언제나 있어 왔고 현재도 그러하다.

게다가 그 관심은 가까이 사는 사람들과의 관계에서 출발한다. 이런 종류의 화제는 언제나 인기를 모은다. 하지만 개인차나 개성에 대한 관심이 생활 속의 가벼운 수다에 그치지는 않았다. 그것이 학문의 대상으로 여겨지면서 거기에는 비교측정 기법이 생겨나고 권력을 가진 사람에게 봉사하면서 인간의 서열화를 공공연한 것으로 만들어나간다. 인간관리를 목표로 하는 사람들에게 그 이론과 기법은 이용가치가 높은 것이기 때문이다. 그리고 사람들의 일상의 의식意識도 어느덧 인간관리적인 그 발상에 잠식되어간다.

개인차와 개성을 동일하게 논해서는 안 된다는 의견이 있을 것이다. 엄밀히 말하면 그렇다. 심리학 분야에서도 개인차의 심리학은 차이심리학으로 불리고, 개성의 심리학은 개인의 독자성을 파악하는 것으로 개인심리학으로 불리는 관례는 있다. 하지만 실제로는 개성에 관한 철학적 관점은 심리학 영역에서는 쉽게 개인차에 대한 관심으로 바뀌어 골턴이나 비네가 그러했듯이 인간을 비교·선별·배제하는 논리를 제공한다. 그 논리와 기법은 사회를 통치하는 위치에 있는 자들이 요구하고 환영하기 때문이다. 관리사회의 색이 짙어질수록 심리학은 이렇게 인간관리의 역할을 담당하고 사회에서 중요한 자리에 있게 되어 사람들의 의식에 영향을 미친다.

심리주의가 유행하는 사회배경에서 우리는 이와 같은 구도를 먼저 살펴보지 않으면 안 된다.

제2장

현대생활에 스며든 심리주의

오자와 마키코

1 만들어낸 '마음'의 대유행

'정신세계'라는 상품

이 장에서는 최근 일본의 심리주의 유행을 둘러싼 시대흐름에 대해 이야기하겠다.

'마음의 대유행'에 대해 시대를 거슬러 올라가다보면 1980년 즈음에 하나의 움직임을 볼 수 있다. 그것은 1990년대의 심리상담이나 '마음의 케어'의 유행과는 약간 다른 '정신세계의 유행'이다. 즉 명상, 영혼, 영靈과 같은 말로 대표되는 세계이다. 1980년대에 출판된 《별책 다카라지마宝島 정신세계지도》의 서문에는 다음과 같은 말이 적혀 있다. "'이성의 시대'에서 '정신의 시대'로, 지금 역사의 흐름은 크게 전환되고 있다", "다양한 정신요법, 선禪과 요가, 동양사상과 신비주의에 대한 관심이 높아지고 있다", "내면으로 향하는 여정, 영혼의 진화를 지향하는 여정이 뉴에이지의 화두가 될 것이다" 등등. 현재의 심리주의 유행과는 사뭇 다른 분위기라는 것을 짐작할 수 있을 것이다.

1985년에는 신주쿠의 대형서점인 기노쿠니야에서 열린 '정신세계 전시회'의 인기로 이 도서전시회에 협찬한 히라카와 출판이 발행한 잡지 《메디테이션》이 크게 매상을 올렸다고 한다. 다만 이 '정신세계의 유행'은 약간은 오싹하고 집착적인 일부 사람들의 것으로 받아들여져 사회에 크게 확산되지는 않았다. 하지만 이 현상은 사람들의 관심을 내면으로 인도했다는 의미에서 뒤를 따르는 심리주의 열풍의 터를 일구었다고 볼 수 있다.

'정신'에서 '마음'으로

다소 무거운 이 '정신세계'에 대한 관심이 일시에 가벼운 분위기로 바뀌며 '마음의 유행'이 만들어진 것은 1990년대에 들어선 직후였다. 1991년 TV 프로그램 '어서 가라! 고코로지'의 인기를 업은 동명의 단행본이 폭발적으로 팔릴 무렵부터 '마음', '심리', '상담'에 대한 관심이 급속도로 확산된 것이다. 이는 정신精神이란 묵직한 한자가 아니라 마음을 뜻하는 '고코로ココロ'라는 가벼운 느낌의 가타카나를 쓴 부분이 상품화의 성공을 가져온 요인의 하나였던 것은 아닐까? 그러나 이것은 거꾸로 1990년대에 들어서면서 사람들의 삶이 점점 힘겨워진 것을 암시하는 듯하다.

당시의 잡지업계도 이 흐름에 바로 반응하고 있다. 1950년부터 오랫동안 교육현장 등에서 읽혀왔던 《청년심리》를 간행해온 가네코 쇼보金子書房는 1991년에 이를 폐간하고 1992년부터는 《마인

드 투데이Mind Today≫라는 월간지를 내기 시작했다. 창간호의 표지에는 "진정한 삶의 방식이나 보람이 갈망되는 지금 인간의 마음을 여러 각도에서 파악하는 '마음의 매거진'을 전해드립니다"라고 쓰여 있다. 여성잡지 ≪크로와상≫도 비슷한 시기인 1991년 2월과 12월에 '상담' 특집을 기획했다. "내 마음의 고민, 스스로 해결할 것인가? 상담을 받아 볼 것인가? 나도 상담사 공부를 하고 싶다. 저 사람이라면 상담을 받아보고 싶다"가 12월호 표지의 문구였다.

게다가 ≪아사히 저널≫은 1992년 2월 14일호에 "마음속을 들여다보고 싶다"라는 제목으로 특집을 기획했다. 이 특집은 당시에는 아마도 유일하게 상담 유행에 대해 의심의 눈초리를 보내는 각도에서 편집되었다. "너 나 할 것 없이 상담사!?라고 하지만", "'물건의 시대'에서 '마음의 시대'로, 이것은 아마 거짓말일 것이다" 등의 표제가 그 내용을 나타내고 있다.

한편 전문가 쪽에서도 같은 시기에 활발한 변화가 있었다. 이 움직임과 이른바 세간의 '마음의 유행'이 무관하다고는 생각할 수 없다. 뒷장에서 말하겠지만 임상심리사의 자격 문제에 관해서는 '누구를 위한 자격인가'에 대해 학계에서 40년 가까이 오랜 논쟁이 있었다. 그 가운데 일본심리임상학회가 앞장서면서 일본임상심리사 자격인정협회가 설립된 것이 1988년, 재단법인 인가를 받은 것이 1990년이었다. 1990년경에는 2000명이 넘는 사람들에게 자격증을 주었다(2003년에는 만 명을 넘어섰다). 학계의 이러한 움직임과 '마음'의 상품화가 폭발적으로 늘어난 것이 무관할 리는 없다.

더욱이 학계와 정계의 관계도 새로운 움직임이 일었다. 예를 들어 1989년에 일본 총무처 안에 국가공무원 75만 명을 위한 '상담연구회'가 만들어졌다. 임상심리학자를 중심으로 하는 관학합동연구회였다. 직장, 각 중앙부처의 상담실, 국가의 '중앙상담실' 등의 방식을 검토하며 시책을 추진하는 것이 목적이었다.

이렇듯 1990년을 포함해서 몇 년 동안에는 학회, 관청, 산업계 분야에서 '마음', '상담'을 보급하는 움직임이 동시에 일어났다. 시대의 흐름은 이렇게 어떤 의도를 내포하고 만들어진다. 그 의도는 아마도 "스스로 노력하는 자기개발의 시대입니다. 마음의 자기관리를 게을리하지 마세요"라며 경쟁시대에 개인의 자기책임을 강요하는 것이었다고 본다.

2 '마음의 케어'가 증가하는 현상

필요한 지원이란 무엇인가

'마음'의 영역에 관해 1990년대 전반에 사회에 퍼진 말은 '상담'이었지만 후반에 들어서자 이번엔 '마음의 케어'가 고민을 해결하는 표어가 되었다. 이 말이 퍼진 계기는 1995년 한신·아와지 대지진이었다.

과거에는 대재난이 발생하여 수많은 이재민이 나왔을 때 "이재민의 구호·지원"이라는 표현이 일반적으로 쓰였다. 이 표현에는 필요한 생활물자와 주거, 보조금 문제, 생활상담을 포함한 고민상담 등, 이재민이 필요로 하는 모든 지원이 포함되었다. 그런 의미에서 사태에 알맞은 자연스러운 표현이었다. 그런데 '마음의 케어'라는 말은 대지진으로 인해 '상처받은 마음'을 대상으로 하는 케어만을 의미하고 있어 필자는 거기에서 부자연스러움과 문제성을 느끼곤 했다. 그 내용은 이미 간행된 졸저 《마음의 전문가는 필요없다≫(2002)에 수록된 짧은 글 '마음의 케어를 묻다'에서 언급했지만, 한마디로 '마음의 케어'라는 모호하고 실태가 확실치 않은 말에 이재민 개개인에게 필요한 지원이 얼버무려져 '마음의 문제'로 비껴가는 것이 아닌가 하는 우려였다. 또 우리의 다양한 생활문제를 '마음'의 문제로 축소시키는 풍조에 대한 비판이기도 했다. 이 풍조는 점점 거세져서 2004년 4월에는 정신과 의사 나카이 히사오中居久夫를 소장으로 하는 '효고 현 마음의 케어 센터'가 출범했고 신문에서는 이를 크게 보도했다(<아사히신문>, 2004년 4월 1일자). 재난과 사건, 사고, 그리고 앞으로는 전쟁에 의한 피해도 '마음의 문제'로 치부되어버리는 것은 아닐까?

한신 · 아와지 대지진이 일어난 때부터 오늘까지 큰 사건이 보도될 때마다 '마음의 케어'라는 말이 우리 주변을 맴돌았다. 옴진리교 사건, 에히메마루 해난 사고, 원자력 시설의 방사능 누출 사고, 여러 번의 범죄 피해, 특히 오사카 이케다 초등학교의 아동살해 사건 같은 보도에서도 이 말이 뒤따랐다. 그러나 '마음의 케어'가 실제로 어떻게 이루어지는지에 대한 사실은 일반인들에게 알려지지 않는다. 또 보도를 받아들이는 측은 자신들과 직접 관계가 없는 일이기 때문에 속사정을 알려고 하지 않는다. 받아들이는 측의 감상은 '어려운 일을 겪어서 안됐지만 요즘에는 전문가가 마음의 케어를 하니까 거기에 맡기자'와 같은 무책임한 것이 아닐까? '마음의 케어'의 등장은 결과적으로 다른 사람을 걱정하는 마음을 잘라내는 길로 이어지고 있다.

전쟁에도 '마음의 케어'만 있다면?

'마음의 케어'라는 말이 생활 속으로 점점 파고들고 있다. '왕따가 있으니까, 직장을 잃었으니까, 병이 났으니까, 늙었으니까'라는 이유로 말이다. 최근에는 '마음의 케어를 위한 케어'라는 말까지 생겨났다. 즉 '마음의 케어'에 종사하는 복지 및 의료 영역 사람들의 피곤한 마음을 보살피는 것을 말한다. 그 때문에 치유 강좌를 준비하여 '사회참여 추진 도우미'를 양성하겠다고 했다(<아사히신문>, 2001년 11월 11일자). 그런 우회적인 방편 말고 노동이 가중되지 않도록 일손을 늘리고, 서로 대화나 상담을 하는 휴식시간을 늘리는 등 평범한 사고방식으로는 할 수 없는 것일까? '마음의 케어'로 문제를 해결한다는 발상을 기반으로 나아가다 보면 지금 이 순간을 살아간다는 것 자체에 대한 케어가 필요해진다.

'마음의 케어'는 원래 논해야 할 문제를 덮고 이를 면죄하는 길로 이어진다. 전쟁에 가담한다는 다음의 보도는 그것을 여실히 나타낸다.

2003년 후반에 일본은 미국의 이라크 공격에 자위대를 전장에 보낼지 말지에 대한 논란으로 크게 흔들렸다. 고이즈미 내각은 여론을 양분하는 반대를 무릅쓰고 자위대 파병을 결정했지만, 그 당시 방위청이 자위대원에 대한 '마음의 케어' 체제 구축을 추진하고 있다는 머리기사가 있었다. 제목은 "자위대원의 외상 후 스트레스 장애PTSD치료－이라크 파견 '전장 스트레스' 상정－방위청, 마음의 케어를 진행하다"였다. 보도내용을 요약하면 다음과 같다.

"방위청은 자위대원들이 테러에 대한 공포심 등 가혹한 '전장 스트레스'에 직면하는 것을 상정하고, 현지에서 상담요원을 양성하며, 외상 후 스트레스 장애를 겪는 대원들을 치료하는 종합적인 '마음의 케어' 체제 구축을 진행하고 있다. 장비 면에서 뿐만 아니라 '마음의 무장'이 필요하다고 판단했던 것이다. 상담사의 역할은 의사자격을 가진 군의관이나 베테랑 대원이 맡는다. 이들은 현지에서 일반대원의 상담을 담당한다. 동료의 죽음을 체험한 대원을 위해 미군의 사례를 참고로 하여 '참사 스트레스 대처 교육법' 프로그램도 만든다."(<홋카이도신문>, 2003년 12월 21일자)

여기서 '마음의 무장'이라는 표현이 인상적이다. 심리학적 이론이나 기법은 일반적으로 사람의 고민이나 괴로움의 원인을 제거하는 관점이 아니라 정해진 상황에서 사람을 어떻게 따르게 해야 하는가 하는 시각에서 이뤄진다는 것이 잘 나타나 있다. 결국 사람을 죽이고 죽임을 당하는 전쟁 체제가 '마음의 괴로움'을 무수히 양산하는 것에 대해서는 묵인하고 있다. '권력 앞에 순종하라'는 체제순응 사상 아래 '권력을 가진 자'가 기대하는 기술을 제공한다. 이는 근본적으로 인간의 고민이나 괴로움에 대해 냉담한 전문성이라고 볼 수 있다.

노동현장과 상담

일하는 장소가 다를 뿐 기업에서도 자위대 사람들과 같은 사태가 진행되고 있다. 기업전사라는 말이 등장한 지 오래됐지만 경제 글로벌화로 인해 직장에서는 성과주의가 강화되면서 일하는 사람들의 부담을 늘리고 정리해고 불안을 가중시키고 있다. 그런 상황 속에서 주목 받고 있는 것이 산업상담이다.

"마음의 건강은 회사가 돌봄, 정리해고로 인한 계속되는 업무량 증가로 성과주의에 눈코 뜰 새 없는 상사"라는 신문의 머리기사를 보았다(<아사히신문>, 2002년 8월 14일자). 기사에는 다정하게 미소 짓는 상담사가 고개를 숙인 사원과 마주하는 사진이 있었다. '당신이 과중한 노동에 시달리지 않도록, 정리해고 당하지 않도록, 회사를 설득해 드릴게요'라고 말하는 듯이 보이지만 그럴 리는 없다. 이어지는 기사의 내용은 이렇다.

"사원들의 극심한 스트레스를 해소하고 일의 생산성을 높이기 위해 마음의 건강관리에 힘을 쏟는 기업이 늘고 있다. 상담을 통해서 문제해결을 하려는 노력은 종업원 지원 프로그램EAP으로 불리며 외부의 전문업체에 위탁하는 사례가 눈에 띈다. 서비스를 제공하는 기업도 시장개척을 추진하고 있다."

이 EAP는 기업이 임금제도를 성과주의로 전환한 것과 발맞추어 2000년 무렵부터 확산되면서 이런 종류의 '마음의 케어' 관련 외부업체는 급속도로 늘어나고 있다고 한다. 한 회사당 연간 수백만 엔에 계약해서 업무를 맡고 있다. 정신과 의사와 임상심리사가

1993년에 설립한 어떤 회사는 2001년에 회사를 10개 더 늘려서 30개로 만들었다. 그 밖에 인재파견 회사가 수십 개의 회사와 계약을 하고 임상심리사가 상담을 하고 있는 곳도 있어 "시장은 향후 3년간 곱절로 확대할 것으로 보인다"라는 경영진의 당당한 견해가 실려 있다.

물론 기업이 '마음의 케어'를 하는 업체와 계약하는 것은 사원을 걱정하기 때문만은 아니다. 마음의 케어 관련 회사를 2000년에 창업한 사쿠마 만푸佐久間万夫는 기업의 의뢰 동기가 회사의 위기관리를 위한 것이기도 하다고 말했다. 자살한 직원에게 고액의 배상금을 지급하거나 과로로 인한 자살이 산재로 인정되는 폭이 커지고 있기 때문에 직원의 정신건강을 소홀히 하게 되면 그만큼 기업이 짊어지는 위험성이 높아진다. 정신건강에 대한 대처는 기업의 위기관리의 일환인 것이다(《아에라AERA》, 2002년 11월 11일호).

직원의 마음을 돌보는 것도 기업의 안전대책이라고 하면 개별 상담실에서 다정한 퇴직권고가 일어나는 일이 없다고는 볼 수 없을 것이다. 풍파를 일으키지 않는 선에서 배제하거나 해고할 수도 있다. 개별 공간에 뿔뿔이 흩어지게 됨으로써 문제의 근원을 밝히는 것조차 할 수 없게 만든다. 상담은 사람의 횡적인 연대감을 막아버리기 때문이다.

현장의 고민해결은 현장에서

혹독한 성과주의 아래 개인이 제각각 경쟁하면서 재기 불능이 되는 것을 막기 위해서는 노동조합의 힘이 불가피하다. 그런데 노동조합도 그 힘을 잃어가고 있다. 과거의 조합은 기업에서 상담을 도입하는 것을 반대해왔다. 상담은 개개인을 나눠 노동자로서 통합을 무너뜨리기 때문이다. 하지만 1990년대 후반이 되자 직장의 테크노 스트레스[1] 등에 의한 피로문제가 밀려들면서 조합 자체가 솔선해서 상담을 도입하기 시작했다. '과로나 정리해고에서 받는 마음의 상처를 치유하는 상담'이라고 하는 본말이 전도된 움직임이었다.

그런 사태를 비판하면서 '도시바 후추 일하는 사람들의 네트워크'의 마쓰노 데쓰지松野哲二는 직장이나 지역에서 노동자와 시민의 연대를 만들어온 입장에서 다음과 같이 말한다.

"성과주의 시대에 힘들어진 직장에서 마음이 아픈 노동자가 늘어나고 있습니다. 이는 노동조합으로서 간과할 수 없습니다. 문제는 이제부터입니다. 그렇기에 상담이 필요하다는 자세로 가는 것이 좋은가 하는 생각이 듭니다. 성과주의, 능력주의, 자기책임주의, 경쟁은 방치하고 가슴앓이의 원인을 그대로 둔 채 대책이나 문제가 발생하면 대응 방안만 강구하는 것은 이상합니다", "성과주의나 경쟁 때문에 동료관계조차 망가뜨리면서 외부 상담사에게 상담하면 무엇이 치유될까 궁금합니다. 현장의 고민은 현장에서

1) 고도의 정보기기 도입 때문에 일어난 스트레스를 일컫는다.-옮긴이.

해결해야 합니다."(《마나부》, 2002년 9월호)

직장, 학교, 지역 어디서나 문제해결의 방향은 현장이 가장 잘 알고 있다. 그러나 현장에서 문제를 해결하는 것은 쉬운 일이 아니다. 마쓰노 자신도 그 어려움을 언급했다. 하지만 어렵다고 해서 그것을 따로 떼어내어 전문가에게 문제를 맡기면 고통을 안고 있는 동료를 결과적으로 배제하는 행위로 이어진다. 마쓰노 같은 범주의 사람들은 아직까지는 소수에 불과하다. 그러나 기업과 전문가가 결탁해서 '마음의 케어' 시스템을 확산하고 노동현장의 문제를 덮어가는 방안이 언제까지나 일하는 사람들을 납득시킬 수 있다고는 생각하지 않는다.

한 젊은이가 이렇게 말했다.

"직장에서 과로로 스트레스를 받아 회사의 상담실을 소개받고 반년 동안은 거의 매주 다녔어요. 제가 한 말을 충분히 잘 들어주었기 때문에 그 시간은 마음이 편안했지요. 하지만 직장에서 제가 안고 있는 문제는 전혀 해결되지 않았어요. 잠시 집에 내려갔을 때 아버지가 저를 보시고는 "몸을 망치면서까지 꼭 그렇게 해야 하니?"라고 한마디 하셨어요. 그 순간 회사를 그만둬야겠다는 생각이 들어 곧 그만뒀지요. 그 뒤로 한동안 집에서 휴식하다가 지금은 다른 직장에서 일하고 있어요."

막힌 길을 여는 것은 역시 생활 속의 구체적인 사람과 사람의 관계이자 생생한 대화이다. 직장을 변화시키기 위한 사람의 관계에도 똑같이 해당된다. 이 연결이야말로 사람들이 원하는 것이다.

'범죄피해'에 어떻게 대응하는가?

학교 문제에 관해서도 '마음의 케어'에 대한 의문이 제기되기 시작했다. 2001년에 오사카 이케다 초등학교에서 무차별 아동 살해사건이 벌어지자 '마음의 전문가'들이 교사들과 함께 모든 학생들의 가정을 다니며 학교수업 재개를 연기하는 의견을 제안하는 등 학교운영을 지배했다.2) 이에 대해 전직 교사이자 교육학자인 요시다 다케오吉田武男는 《상담사는 학교를 구할 수 있는가?》(2003)라는 책에서 다음과 같은 이견을 밝혔다.

"몸과 마음이 무너진 상태에서도 교사는 친구를 잃은 아이를 위해 교육활동과 학급활동에 최선을 다해야 했다", "괴로운 사건도 아이의 행복을 위한 밑바탕으로 바꾸는 것이 교사의 사명이다. 교사는 비참한 사건을 겪은 아이들이 앞으로 살아가는 데 있어 괴로움을 극복하고 행복해질 수 있도록, 그리고 졸업식에는 '열심히 했네'라며 교사와 아이가 서로 껴안을 수 있도록 먼저 솔선하여 분발하고 아이에게 모범을 보이기 위해 노력해야 했다", "현실의 문제를 지나치게 마음의 문제로 한정하다보면 현실의 건전한 생활과 학급활동은 이루어질 수 없다. 즉, '마음의 전문가'의 심리상담적인 지원은 그동안 쌓아온 교사와 아이들 간의 교육관계 및 아이들끼리 서로 돕는 자연스러운 관계를 일시적으로 차단하고, 심지어는 학교의 교육활동을 지원하는 공동체적·운명적 인간의

2) 이케다 초등학교에 흉기를 가진 남자가 침입해 아이들을 무참히 죽인 사건으로 8명의 아이들이 사망했다. 학교 측의 부실한 대응, 교직원의 무책임한 발언으로 피해자 가족에게 큰 상처를 남겼다.-옮긴이.

유대관계마저도 약화시키고 말았다."

또한 요시다는 교사가 이런 힘든 일을 겪으면서 알지도 못하는 '마음의 전문가'에게 의존한다면, 그것은 아이의 교육활동에 대한 무책임한 대응이라고 말했다. 그러면서 교사가 외부의 지원이 필요했다면 그 사람은 아무런 관련도 없는 전문가가 아니라 아이들과 운명을 같이하며 마음속 깊이 아이들을 걱정하는 보호자들이 됐어야 하는 게 아니었나, 그것이 서로 신뢰를 쌓는 길이 아니었던가 하고 지적했다. 이것은 전직 초등학교 교사로서 경험에 근거한 발언일 것이다. 한편 요시다는 교사들이 사건을 예방하지 못해 자신감을 잃었기 때문에 자신들보다 고학력자인 '마음의 전문가'들이 강조하는 '마음의 케어'에 대해 반론하지 못했던 것은 아닐까, 아마도 그러한 이유 때문에 아이나 교사의 실제 생활이나 집단활동의 중요성이 경시되고 있는 것은 아닌지 추측했다.

이상으로 노동현장과 학교에서 나온 '마음의 케어'에 대한 다른 의견을 소개했다.

'마음의 케어'라는 개념은 두 가지 문제를 포함한다. 하나는 오랫동안 쌓아온 일상의 관계를 끊어버린다는 것이고, 또 하나는 인간생활의 전체성을 허문다는 문제이다.

50대인 친구가 다리를 다쳐서 휠체어 생활을 하게 되었는데, 이렇게 말했다.

"친구들이 좋은 의도에서 '마음의 케어'에 대해 말했어. 하지만 나에게 필요한 것은 다리의 통증을 완화시키는 방법과 휠체어를 밀어주는 도움이지 ‘마음의 케어’가 아니야.”

사람이 시간과 공간 속에서 하루하루 생활하고 있다는 당연한 사실에 기인해서 사물을 보고 살아간다면 ‘마음의 케어’라는 발상이 쉽게 퍼지는 일은 아마 없을 것이다.

3 여성문제와 심리주의

관계기법 수업

사람과 관계를 체험하기 어렵게 된 현재 사회에서 인간관계를 만드는 법이나 자기표현과 관련한 심리주의 지식·기술이 보급되고 있다. 여성에게는 주로 '자기성장을 위한 상담', '진정한 자신을 찾는 방법' 등이 있고, 기업의 관리직을 위해서는 '코칭', 부모에게는 '부모노릇 잘하기', 교사에게는 '좋은 교사되기', 또 아동과 학생에게는 트레이닝 등이 있다. 최근에는 여성문제에 대해 그 해방운동을 염두에 두고 논하지만 본론에 들어가기 전에 아이들을 대상으로 개발된 이런 종류의 기법에 대해 언급하려고 한다.

1990년대 즈음부터 학교수업에서도 참만남Encounter이나 역할극role play 등의 심리주의적 기법이 조금씩 쓰이기 시작했다. 현재는 구체적이고도 방대한 훈련이 창안되어 있다. 예를 들어 고등학교에서의 동화同和·인권교육에서도 부락민에 대한 차별문제와 같은 사실에 근거한 학습은 줄고, 게임을 통한 커뮤니케이션 학습 등 심리주의적 색채는 강해지고 있다.[3)] 초등학교에서는 이 영역의 선구자인 고쿠부 야스타카国分康孝가 감수한 《참만남으로 전부가 바뀐다》(2000) 등이 사용되고 있다. 그중 하나로 '다양한 의뢰방법'이라는 것이 있는데, 목적은 '여러 가지 표현법의 차이를 체험으로 배워 확실한 자기표현을 할 수 있도록 동기부여하는' 훈련이다. 구체적으로는 아이들 간의 갈등을 다룬 어떤 주제로 역할극을 한다. 이를테면 친구에게 빌려준 물건을 돌려받지 못하는 장면에서 그것을 돌려받기 위해 여러 가지 표현법을 연기해보고 각각의 차이를 확인한다.

고쿠부는 구성적 그룹대면으로 불리는 이런 심리주의적 방법을 교육활동에 응용하는 것에 대해 다음과 같은 여섯 가지 이유를 들고 있다. 첫째, 체험학습이 주축이다. 둘째, 임상심리학 출신이 아닌 교사도 사용할 수 있는 기법이다. 셋째, 교우관계, 자기발견 등 요즘 아이들에게 필요한 능력을 학습시키는 프로그램이다. 넷째, 효율적이고 효과적이며 즉효성이 있다. 다섯째, 집단을 대상으로 한다. 여섯째, 교육상담이다.

요즘 아이들에게 부족한 점이 이 프로그램에서는 매력적인 모습으로 담겨 있는 듯하다. 앞서 말한 책은 2002년도부터 학교에 도입된 '종합적인 학습' 시간을 위한 아이디어를 모아 엮은 책이

3) 부락민은 전근대 사회체제에서 최하층에 속해 있던 천민집단으로 일본의 소수집단 중 하나이다. 일본에서는 부락민과 부락同和地區에 대한 차별이 여전히 존재한다.-옮긴이.

지만, 이런 종류의 것들을 꼭 실천해주기를 원하는 관계자도 적지 않을 것이다. 요즘 아이들은 관계를 맺는 방법을 모른다며 말이다. 그러나 그것은 가공된 프로그램으로 교육적 커뮤니케이션이지 실생활에 기반을 둔 것이 아니다. 예를 들어 다툼은 아이들의 현실세계에서는 일상적인 것이라서 귀찮고 곤란하더라도 주위의 아이나 어른이 각각의 상황에서 대응해야 한다. 그것이 생활이다. 이런 경험이 쌓이면서 아이들은 아이들 사이의 힘의 관계를 적극적으로 극복하거나 때로는 다른 사람에게 도움을 청하는 방법을 익힌다. 관계는 실제 일어난 사실에 근거해서 배울 수밖에 없다. 관계는 항상 유동적이고 매뉴얼이 통하지 않는 세계이기 때문이다.

따라서 인간관계력을 키우기 위한 커리큘럼을 준비하고 그것을 수업이라는 정식 무대에 올리는 순간, 교육적 의도는 죽어버린다. 아이나 젊은이는 그 장치를 피해 달아난다. 관계란 그런 것이다. 관계는 어떤 형식으로 잡아두기 어려운, 우연으로 가득 찬 살아 있는 것이어서 스스로 사람과 사람 속에서 많이 배울 수 있지만, 본래 정리해서 가르칠 성질의 것이 아니다. 그러므로 상세한 관계교육을 준비하면 할수록 그것에 시간을 뺏기고 에너지를 낭비하게 되어 일상은 잠식당하고 목표와는 반대로 작용하게 된다. 아이들이 싸우면 담임교사가 들어서 중재하고, 시간을 가지면서 얘기를 나누는 그런 일상의 장면이야말로 소중한 것이다.

학교는 다양한 사람이 모이는 장소이며 그것만으로도 충분한 관계의 장이다. 전부터 부모들은 "공부는 뭐 그럭저럭해도 학교는 친구들과 지내면서 여러 가지를 배울 수 있으니까요"라고 말했고, 아이들도 "공부는 좋아하지 않지만 친구들이 있으니까 학교는 재미있어요"라고 말하곤 했다. 오랜 역사 속에서 학교는 늘 '관계'의 장이었다. 지금은 그것의 의미를 재확인하는 것이 필요하다.

여성문제와 자기주장 훈련

관계기법 학습의 유행은 학교에서만이 아니다. 어른의 세계에서도 이런 종류의 주제와 관련한 강좌 개최나 서적 출판이 한창이다. 대표적인 것 중의 하나가 '자기주장assertion'이라고 불리는 자기표현기법이다. 1970년대에 미국에서 시작된 이 자기주장 훈련법은 1980년대에 일본에 소개된 이후 주로 여성을 대상으로 퍼져나갔다. '자기주장'이란 지나치지도 부족하지도 않은 적절한 자기표현이다. 자신도 상대방도 존중하는 자기표현이라고도 말한다. 예를 들어 남에게 부탁하고 싶은데 잘되지 않고, 의견이나 생각을 자유롭게 말하지 못하며, 상대방에게서 무례한 일을 당했을 때 적절하게 항의하지 못해 분노를 터트리는 등 '상대방과 잘 지낼 수 없는' 상황을 극복하는 수법이 들어 있다. 그것이 이른바 처세술에 그치지 않는 점은 심리학 이론을 기반에 두고 그것을 응용하기 때문이다.

예를 들면 자신을 알기 위한 심리검사 방법이나 초점을 바꿈으로써 다른 대상이 보이는 심리학적 수법, 상담장면에서 사용되는 감정에 대한 대처법 등이 담겨 있다. 부적절한 자기표현에는 충분하지 못해서 비주장적인 형식과 지나쳐서 공격적인 형식이 있다고 본다. 히라키 노리코(平木典子, 2000)에 의하면 자기주장에 필요한 기술은 다음과 같이 네 가지가 있다. 첫째, 자신의 기분과 생각을 정확하게 파악하는 기술, 둘째, 주위상황이나 상대를 관찰하는 기술, 셋째, 요구나 바람을 명확하게 표현하는 기술, 넷째, 언어 이외의 신호를 활용하는 기술이다.

이 기법은 여성을 중심으로 확산되고 있다고 앞서 이야기했는데, 여기에는 나름의 이유가 있을 것이다. 여성은 자신의 생각을 표현할 때 남성에게는 필요 없는 부당한 갈등을 겪어야 하기 때문이다. 사실 자기표현을 명확하게 하는 것은 여성스럽지 않다고 말하는 차별적인 편견이 지금도 뿌리 깊게 존재하며 압력을 주고 있다. 한편 명확하지 않아서 여자 같다는 악담도 있는데, 여성을 옭아매는 이른바 이중 기준이다.

직장에서 전화상으로 상대 남성에게서 "누구 아는 사람 없습니까?"라는 말을 듣고 꾹 참으며 "제게 말씀해주세요"라고 응해야만 했던 여성의 탄식은 지금도 들을 수 있다. 직장에서만이 아니다. 가정에서도 남편과의 관계에서 무언가 항의를 하면 즉시 말로써 꼼짝 못하게 되고, 경우에 따라서는 "누가 먹여 살리는데!"라는 말까지 들으며 분노를 쌓아가는 여성도 적지 않다. 이러한 어려움 속에서 여성이 상대방에게 얕보이지 않으면서 현명하게 자기표현을 할 수 있으면 좋겠다고 하는 것도 무리가 아니다. 그렇기에 '대인관계를 원활하게 하는 자기주장기법'이나 '자기성장을 위한 자기상담' 등의 문구가 매력적으로 들릴 것이다.

그러나 생각하는 것과 말하고 싶은 것을 제대로 말하지 못하는 것은 대부분의 경우 표현기법의 문제가 아니다. 거기에는 사회적 요인을 포함한 상대방과의 권력관계가 존재하고 있어서 그 힘이 표현을 막는 것이 대부분이다. 앞서 언급한 것처럼 차별을 포함한 부당한 압력이나 불합리한 입장이 앞을 가로막는 것이다. 가볍게 주고받는 일상대화의 예의범절이라면 모르지만 권력관계는 기법을 훈련한다고 해서 직면할 수 있는 성질의 것이 아니다. 그 때 자신의 의사표현을 뒷받침하는 것은 사물을 어떻게 생각하고 상대를 대하는가 하는 본인의 사상 외에는 없다. 그것은 동료들과의 일상적인 협력과 문제의 사회구조적 파악을 통해서만 만들어진다. 사상이라고 하면 거창하게 들리지만 그것은 당연한 것을 당연하다고 느끼고 이상한 것을 이상하다고 생각하는 스스로의 능력이라고 할 수 있다. 그 능력의 축적이 말할 용기를 뒷받침한다.

자기표현 수법으로 잃는 것

중요한 것은 자기표현 수법보다 먼저 자신이 무엇을 말할 것인가에 대한 내용이다. 그 내용을 갈고 닦아 뚜렷하게 해야 비로소 힘을 갖는다. 상대방의 말을 듣고 이해하면서 답하는 것은 당연하지만 자신의 생각이 어느 정도 확실하지 않으면 자기표현은커녕 자기주장도 거의 불가능하다. 그리고 자신의 생각이 명확해지려면 무엇보다도 세월이 흘러야 한다. 젊었을 때 자기표현이 어려운 것은 오히려 당연하다. 자기표현이 누구에게나 어려운 것이라고 생각하지 않으면 스스로 안 되는 인간이라며 자신감을 잃게 되고 점점 더 표현하는 것이 어려워지는 악순환에 빠진다. 자기표현 기법 훈련으로 표현하는 능력을 얻을 수 있다고 쉽게 생각하는 것은 오히려 먼 길을 돌아가는 결과가 될 수 있다.

여성이 자유롭게 말할 수 없는 시대에 요사노 아키코与謝野晶子는 잡지 《청탑》의 발간에 즈음하여 히라쓰카 라이테우平塚らいてう에게서 머리말의 기고를 부탁 받아 다음과 같이 썼다. "일인칭으로만 글을 쓰고 싶구나. 나는, 나는,"

이 아키코의 말에서 라이테우는 강한 자극을 받아 바로 "여성은 원래 태양이었다"로 시작하는 장문의 창간 글을 적었다. 그 뒤 연달아 많은 여성들이 사연을 보내와서 여성이 '말하는' 물결과 해방의 움직임이 만들어졌다.

물론 이것은 특수한 사례다. 그래도 이 사례는 말하기 어려운 입장에서 마음먹고 용기를 낸 말이 주위 사람들에게 표현할 수 있는 용기를 불러일으키며 연쇄작용을 만든 것이다. 자기표현이나 자기주장의 힘은 준비된 정답을 위한 훈련에 의해서가 아니라 서로 생각을 말하고 나누며 격려하는 인간관계 속에서 생겨난다. 반면 심리주의적이고 손쉬운 기법의 확산은 사람들에게서 깊이 고민하는 습관을 빼앗고 힘을 빌려주고 지혜를 빌리는 관계의 힘을 약화시키며 표현의 의미를 폄하하는 것처럼 여겨져 안타깝다.

페미니스트 상담의 변천

이제까지 문제의 개인해결을 지향하는 심리주의가 사상의 측면을 경시한 기술주의에 빠진 것을 여성문제를 중심으로 지적했다. 여기서는 '여성해방을 목표로 하는 상담', 즉 페미니스트 상담에 대해 이야기하려고 한다. 왜냐하면 그것은 여성해방이라는 확실한 사상을 바탕으로 생겨난 하나의 실천이기 때문이다. 전통적인 상담에 대해 비판적인 이 입장은 사상과 기법이 이상적으로 결합된 심리주의적 방법처럼 보일지도 모른다. 그러나 이 모델 또한 다른 상담과 마찬가지로 사회적인 문제를 개인 내면의 문제로 바꾸는 역할을 한다고 생각한다. 이것이 오히려 여성해방의 힘을 꺾는 역할을 하고 있는 것은 아닐까.

페미니스트 상담 혹은 페미니스트 요법은 1960년대에 미국에서 시작된 의식 고양Consciousness Raising, CR을 모태로 하고 있다. 이것은 의식 각성으로 번역되었고 여성으로서 차별 받아온 의식을 각성시키기 위한 소그룹 논의를 가리켰다. 일본에서 페미니스트 요법을 처음 시작한 가와노 키요미河野貴代美는 일본임상심리학회 심포지엄(1991)에서 기법과는 무관한 이 운동이 1970년대 미국 전역에 불 번지듯 퍼졌다고 말했다. CR은 자신들을 둘러싼 차별구조를 밝히고 막연하게 느껴온 여성문제의 본질을 간파하기 위한 자리였다.

그런데 이와 관련해 1970년대부터는 다른 움직임도 생겨났다. 가와노에 의하면 그것은 CR 안에서 나온 '페미니즘의 빛'이 너무

눈부시다고 하는 내부의 목소리였고, 사상의 강함의 배후로 밀려난 개인성의 문제였다. '말할 수 있는 힘을 가진 강한 사람들은 좋지만, 그렇지 않은 사람의 고민은 버려진다'라고 하는 목소리였다. 이 문제는 어떠한 활동에도 따라붙는 근원적인 과제이다. 명쾌하게 결론지을 수 없는 인간관계의 대등성을 묻는 난제이기 때문이다. 그렇기 때문에 너나없이 이 문제와 마주하고 끌어안기를 계속하며 끊임없이 원점으로 되돌아가 부딪히면서 생각할 수밖에 없다.

하지만 페미니스트 요법은 그 문제를 합리화하는 방법으로 등장했다. 가와노는 그것을 여성이 갖는 문제에 대한 넓은 의미의 치료행위라고 말했다. 여성이 여성이기에 안게 되는 고민을 때로는 치료대상으로 간주한다. 치료행위인 이상 그곳에 치료하는 쪽과 치료받는 쪽이라는 의미로 힘의 관계가 고정된다. 사람이 모이는 곳에는 어디든지 힘의 관계가 발생할 가능성이나 문제가 있지만, 그 문제를 함께 생각하며 해결해나가는 방향이 아니라 치료하는 쪽과 치료받는 쪽이라는 구조로 고정한 것이다.

CR은 대등한 관계에서 서로 대화를 나누는 것이어서 리더도 없고 당연히 돈도 오가지 않았지만 페미니스트 요법은 돈이 끼어드는 일이다. 페미니즘 요법에 왜 돈이 개입되었는가에 대해 가와노는 치료행위가 책임이 수반되는 직업으로 전문성과 이어지기 때문이라고 말했다. 여성해방이라는 주제가 이런 식으로 전문화, 직업화되었다.

페미니스트 요법 또는 페미니스트 상담을 뒷받침하는 사상은 '개인적인 것이 정치적인 것personal is political'이다. 이는 대등한 대화의 장이었던 CR의 사상을 여성들이 계승하고 있다는 것을 나타낸다. 여성문제가 사회적, 정치적으로 생겨나는 사상을 내버려 둔 것은 아니었다. 다만 그 사상을 출발점으로 하면서도 '문제는 역시 개인적인 것'으로 돌려 내면으로 향하게 했다. 요법이나 상담은 개인의 내면을 대상으로 해야 비로소 성립하기 때문이다.

일본의 페미니스트 상담활동은 1993년 전국대회 때부터 조직화되어 1998년에는 상담사 양성강좌를 마련하였고 2000년에는 자격화를 결정했다. 활동이 이런 식으로 상담사 집단의 하나로 자리매김한 것은 당연한 과정일 것이다. 역사적 과정을 바탕으로 생각해보면 페미니스트 상담이란 페미니즘이 시간의 경과에 따라 차츰 개인의 내면으로 관점을 옮겨 여성을 대상으로 하는 치료논리에 귀결한 입장이라는 것을 알 수 있다. 이것은 사상이 기법으로 옮겨가면서 점점 직업화되고 사상의 측면을 약화시킨 예라고 생각한다. 장애인 해방운동에 대해 시노하라 무쓰하루(篠原睦治, 2000)가 지적하듯이 그것이 동료상담peer counseling을 포함한 실천으로 이행된 예도 이것과 일맥상통한다.

‘고민하는 데’ 전문가가 필요한가?

사토 미도리佐藤みどり는 《여성과 페미니스트 상담》(2000)에서 페미니스트에 대한 여성들의 의견을 듣고 다음과 같은 네 가지 의문을 제기했다. 첫째, 여성의 문제를 해결하는 데 여성문제의 전문가가 필요한가? 또, 심리학은 여성을 구할 수 있는가? 둘째, 일상 속에서 여성들의 연대는 어려운가? 상담이라는 ‘안전한’ 장이 없으면 여성은 해방될 수 없는가? 셋째, 높은 상담료의 문제는 어떻게 생각하는가? 넷째, 사람이 고뇌하는 데 상담사가 필요한가에 대해서였다.

이러한 문제를 제기한 후 사토는 자신의 체험을 근거로 다음과 같이 말했다.

“페미니즘은 반차별적인 사상이었을 것이다. ‘여성해방 사상이 곧바로 규제로 이어지지 않았기 때문에 상담이 요구되는 것이다.’라는 가와노의 말처럼 분명 ‘사상’에 의해 구원받는 사람은 많다. 그 사상을 접하고 눈앞이 확 트인 느낌을 받은 사람들이 많지 않았을까 싶다. 그런데 페미니스트 상담이 결과적으로 남성에게 이해받는 무난한 페미니스트, 즉 ‘착한 페미니스트’를 만드는 역할을 다하고 있는 것은 아닌가? 그 과정에서 반차별적 사상을 어딘가에 떨어뜨려버린 것은 아닌가 하는 생각이 든다.”

심리주의가 현상에 대한 적응 지향으로 지지되고 있는 이상, 사토가 지적하는 사태는 당연한 과정일 것이다. 현재도 사회를 지배하고 있는 여성에 대한 가치규범은 남성 중심 사회에 풍파를 일으키지 않고 함부로 나서지 않는, 분수를 아는 행동이다. 그것이 남성사회에서 환영받는 여성상인 것이다. 그런 여성에다 심지어 유능하다면 남성사회에 들어가는 것을 인정하자는 것이 현실이다. 이러한 상황에 맞출 수 있는 적응 기술 또한 다양하게 제공되고 있다. 이곳은 사회의 관리체제에 스스로 몸을 맞출 수 있는 안전지대이기도 한 것이다. 페미니즘은 원래 가부장제에 대한 저항을 전제로 성립했기 때문이지만 페미니스트 상담의 경우 상담사와 내담자 사이를 마치 '옳은 아버지'와 '미숙한 딸'의 관계처럼 만드는 듯하다.

'인간은 약하기 때문에 서로 돕는다'는 대등한 관계의 현실이 물론 쉬운 것은 아니다. 그런 말은 듣기에만 좋은 말이라고 반박하는 목소리가 들리는 듯하다. '사람은 약하기 때문에 강한 자에게 의존한다'는 것은 자연스러우며 적어도 어쩔 수 없다고 하면서 말이다.

그러나 그 실정은 어떨까? 고민을 안고 있는 사람은 종종 다음과 같은 심경을 토로한다. 주위 사람들과 번거로운 관계로 상처받고 싶지 않다, 더 이상 피곤해지고 싶지 않다, 보호받고 싶다, 남에게 신세지고 싶지 않다, 자신의 약점을 다른 사람에게 알리고 싶지 않다, 돈으로 안전한 관계를 살 수 있다면 사고 싶다 등등.

한편, 주위 사람들은 귀찮은 일에 휘말리고 싶지 않아서 어딘가 보이지 않는 곳, 예를 들면 전문가에게 가기를 바란다. 종교나 점쟁이에게 기대려고 하니 걱정도 되고, 가족이나 친구의 입장에서는 평판도 좋지 않지만 과학을 표방하는 심리학이라면 안전하고 면목이 선다. 귀찮은 일을 떠맡아주는 데가 있다는 것은 고마운 일이다. 이런 요청에 부응하는 장치로서 상담·심리요법이 고객을 모은다.

관계성의 어려움을 마주하다

"친구의 자질구레한 이야기를 듣고 있을 수가 없기 때문에 (다른 곳으로 보내기 위해) 상담이 필요하다"라고 솔직하게 말한 젊은 여성이 있었다. 상담내용이 어둡거나 무거운 이야기라면 전문가에게 가는 편이 당신을 위한 일이기도 하다는 사고방식이 세상을 지배하고 있다. 그 경우 전문가는 굳이 말한다면 합리적인 도피처이다. 여자끼리의 유대관계나 뜻을 같이하는 사람들과 만나는 것도 전문가가 보호하는 안전한 자리에 갇혀 결과적으로 정치적인 일이 개인적인 일로 봉해지는 것은 아닐까.

앞서 언급한 논문에서 사토는 이렇게 말했다. "페미니즘은 자신(여성)과 타자와의 관계성을 묻는 주장이다", "여성은 일상의 상호관계성 속에서 의견을 주고받고 감정적이 되며 울고 화내고 기뻐하면서 타자와 어떤 관계를 맺어갈 수 있을지를 모색하는 것이 아닐까? '이상한 애'나 '싫은 애'도 있지만 '정말 너란 사람은……'이라고 말하면서도 배제하지 않고 시행착오를 반복하면서 만나고 친해지며 고민이 있으면 서로 도우며 살아간다. 페미니즘은 그런 사상이 아닐까 하고 생각한다. 타자를 '수용한다'는 것은 그런 것이다. 그런 공간에 전문가가 끼어들 여지는 없다."

그것은 강한 사람이 한 말이 아니냐고 할 수 있다. 그러나 사토는 약했다 강했다 하면서 일상 속에서 서로 연결되는 힘의 소중함을 말하고 있는 것이지, 개인의 강함을 거론하고 있는 것이 아니다. 혼자서 말할 수는 없어도 함께는 말할 수 있다. 신숙옥은 어느 강연에서 재일조선인 차별문제에 대해 이야기하면서 다음과 같이 말했다.

"정말로 폭력과 싸우는 것이라면 약자에게 '힘내'라고 하는 것은 말이 안 된다. 정작 해야 할 것은 때리고 있는 쪽에게 '너, 뭐 하는 거야?'라고 말하는 것이다."(《페민ふぇみん》, 2003년 8월 5일호)

개인의 힘으로 서로 겨뤄야 할 곳에 심리주의가 끼어들고 상담이 확산되는 사회에서 여성들 간의 상호관계도 약해지며, 전문화에 대한 의존도 커지고 있다.

4 사회의 심리주의가 초래하는 문제들

일상의 심리주의화

상담이 중시하는 것은 상대방의 감정이다. 물론 감정은 우리 생활 속에서 중요한 부분을 차지하는 영역이다. 그러나 우리는 느낄 뿐만 아니라 생각하면서 살아가기 때문에 상대방의 말과 행동을 감정적으로 받아들여 사물을 보면 사태는 상담사가 선호하는 방향으로 갈 수밖에 없다. 즉, 사태를 전체적으로 파악하지 않고 개인의 감정에 일방적인 초점을 두고 다루게 된다는 문제가 있다. 상담사는 사회에서 이 역할도 맡고 있다.

가령, 다음과 같은 예를 살펴보자. 어느 중학교 상담실에 여학생 T양이 불쑥 들러서 학교상담사와 잡담하던 중에 이렇게 중얼거렸다.

"저는 공부를 전혀 못하는 것도 아니고 학교에 오면 이야기를 나눌 친구도 있어요. 선생님에게 꾸중 들을 일도 없지만 특별히 칭찬받을 일도 없어요. 만약 이런 제가 내일 학교를 쉬면 어떨까 하는 생각을 할 때가 있어요. 분명 학교는 하나도 바뀌지 않겠죠. 평소대로 같은 일상이 반복되고 친구도 같은 얘깃거리로 웃고 말이죠. 그저 제가 거기에 없을 뿐인 거죠. 이런 식으로 생각하면 나의 나다움은 어디에 있을까 하는 생각이 들어요."

한편 중견 남자 교사인 S선생은 차를 마시면서 이렇게 중얼거렸다.

"가끔 학생들에게 이렇게 말해요. 너희들은 좋겠다고, 졸업할 수 있어서. 나는 계속 유급해서 학교에 남아 있는 거라고 하면서요. 새로움을 유지하는 것이 중요하다는 사실을 알고 있는데도 말이죠. 그게 어려워요."

이 사례는 《학교 임상심리학 입문》(이토 미나코伊藤美奈子, 2003)에서 인용한 것이다. 실제 사례가 아닌 학교상담사의 활동상을 소개한 것인데, 여기서 이 두 사람의 중얼거림을 어떤 식으로 이해해야 할까? 여기에 소개된 범위 내에서 생각하면 여학생 T양의 말은 중학생이라면 누구라도 느끼고 생각할 만한 내용이라고 하는 사람도 적지 않을 것이다. 이 물음은 바꿀 수 없는 나의 독자성은 어디에 있는가 하는 이른바 철학적 주제를 포함한 물음으로 받아들일 수도 있다. 중학생 정도의 나이라면 이런 식의 근원적인 물음을 다양하게 가지고 생각하기 시작하는 경우가 많을 것이다.

이러한 물음에 대해 교사나 부모는 각자의 체험이나 입장에서 자신의 생각을 말할 것이다. "누구나 비슷한 생각을 하지 않을까", "회사에서 일하고 있는 어른들도 비슷하게 말하던데", "하지만 부모에게는 자식이 무엇과도 바꿀 수 없는 절대적인 존재거든" 등등. 사색에 뿌리를 둔 대답은 학생의 사색을 더욱더 전개시킬 것이다. 그리고 그것이 삶 속의 대화가 아닐까? 만약 "그런 것을 생각하다니 이상하구나. 상담을 받아보는 게 어떻겠니?"라고 말한다면 그것은 상대방을 돌보지 않는 냉정한 관계이다.

학생들이 학교를 허무한 장소라고 느끼는 사정에는 다양한 배경이 있다. 무엇을 위해 공부하는 걸까? 더 나은 성적을 받기 위해 경쟁하며 서로가 친해질 수 없는 이 장소는 무엇일까? 자신이 교체 가능한 부품처럼 느껴지는 학교생활은 무엇일까? 그것을 T학생을 비롯한 많은 학생들이 생각하고 싶어 하는 게 아닐까? T학생의 물음에 대해서는 다양한 응답이 있을 것이다.

또 S선생의 중얼거림은 매우 바빠지고 관리가 강화되고 있는 현재의 학교상황을 반영하고 있으며 개인적인 고민으로 받아들이기는 어렵다. 이는 학교가 지향하는 모습과 교사가 일하는 방식을 어떻게 바람직한 방법으로 바꾸어나갈 것인가 하는 교직원 공통의 문제로 생각해야 한다.

사색에서 감정의 문제로

그러나 상담사는 다르다. T학생의 말을 그 학생 개인의 외로움과 내면의 고민으로 받아들이고 '마음의 문제'로 대응한다. S선생의 중얼거림도 그 개인의 마음가짐의 문제로 받아들인다. 일반적으로 감정의 측면을 키워 거기에 문제의 초점을 맞추는 이와 같은 '해석'은 심리주의 스타일 가운데 하나이다. 그것은 문제의 현실성·전체성을 왜곡시킨다. 그러나 앞의 예도 사물을 파악하는 방법의 하나이기 때문에 일부러 문제시하지 않아도 되지 않느냐고 말할지도 모른다. 하지만 그런 이야기로 끝나지 않는다. 왜냐하면 학교 안에서 상담사는 교원보다 높은 자격을 가진 권위자로 여겨지기 때문에 그 해석은 '정답'으로, 그리고 치료적 행동은 '적절한 대응'으로 기능하며 교원과 학생, 부모들이 사물을 파악하는 방법이나 삶의 방식에 영향을 미치기 때문이다.

앞서 말한 T학생과 S선생의 이야기는 그 뒤 다음과 같이 전개된다. 학교상담사는 T학생의 담임인 S선생에게 T학생이 상담실에 찾아왔다는 사실을 알렸다. S선생은 T학생에 대해 걱정한 적이 없고 그런 생각을 갖고 있는 줄 몰랐다며 놀랐다. 그 뒤 S선생은 교실 안에서의 T학생의 모습을 의도적으로 지켜보다가 아무렇지 않은 듯 말을 걸었다. T학생과 대화하면서 S선생은 맞벌이 가정의 장녀로서 어린 동생들을 돌보는 T학생의 기특한 면을 보았고, 집에서도 학교에서도 폐를 끼치기 싫어 주위의 도움을 잘 받지 못한다는 사실을 알게 되었다. 결국 T학생은 상담사의 중개로 고민이나 문제를 가진 학생으로서 담임의 주목을 받는 존재가 되었다. 그러는 중 다소 난처한 일이 일어났다. S선생이 T학생에게 관심을 갖고 열심히 말을 걸고 얘기를 들어주는 과정에서 T학생은 쉬는 시간에나 방과 후에도 교무실로 S선생을 찾아가 자신의 얘기를 들어달라고 했다. 아마도 T학생이 S선생에게 '특별한 감정'을 갖게 된 듯했다. 이성의 담임이 특별히 관심을 가져주었을 때 좋아하게 되는 것은 무리도 아니다. S선생은 '적적한 T학생'이 자신에게 스킨십을 바란다고 생각했고, 어떻게 대처하면 좋을지 상담사에게 물었다. 그리고 그런 일을 겪는 동안 매너리즘에 빠져 있던 교사 업무에 다시 새로움을 발견하게 되었다.

지금까지 책에 기술되었던 장면을 요약적으로 소개했지만 학교 상담사가 학교 안에서 이상적으로 여겨지는 위상과 그 일하는 방식의 한 측면을 알 수 있을 것이다. 그것은 두 사람의 중얼거림을 '마음'의 문제로 방향을 잡아 문제의 전체성을 심리학적으로 재구성하면서 그것을 해결하는 일인 것처럼 보인다. 게다가 문제로 꽉 찬 학교에서 교사에게 새로운 보람을 발견하게 한다는 종류의 일에도 결합되어 있음을 엿볼 수 있다.

여기서 중요한 것은 이 일이 상담사가 학교 관계자의 '위'에 서 있는 전문가임을 자타가 모두 인정한다는 전제 위에 성립하는 사실이다. 그리고 이 전제는 상담사가 가진 '높은 자격'으로 뒷받침되고 있다. 즉, 심리주의가 확산되는 사태의 배후에는 '마음의 전문가 자격'이 만들어내는 권위구조가 존재하는 것이다.

이 구조와 관련해서 '마음의 전문가'의 자격문제를 뒤이어 논하려고 한다.

자격문제 논의의 경위

앞에서도 언급했지만, 일본 임상심리학계는 자격문제에 관해 독특한 역사를 가지고 있다. 그것은 '마음의 전문가 자격은 누구를 위한 것인가'라는 내부에서 시작된 논의가 수십 년에 걸쳐 계속되었다는 것이다.

논쟁의 시작은 1969년으로 거슬러 올라간다. 그해 일본심리학회 제5회 총회에서 학회가 주축이 되어 준비해온 자격인정 업무가 출범 직전에 중단되었다. 그 이유는 "자격수준이 지나치게 높다", "어중간한 것이 아니라 국가자격을 목표로 해야 한다" 등 의견이 일치되지 않았기 때문이다. 그중에는 "임상심리학·심리임상은 환자에게 도움이 되는가?" 하는 물음이 있었다. 이 물음은 1971년 제7회 총회에서 여러 사실과 함께 쏟아져 나왔다. 그리고 그 물음에 대응하기 위해 '학회 개혁 위원회'가 구성되었다. 그 이후 임상심리학회는 '누구를 위한, 무엇을 위한 자격과 전문성인가'를 중점 과제로 세우고 자신들의 일을 점검하고 토론해왔다. '임상심리사의 자격문제'와 관련한 회원들의 활동은 그 시점부터 현재까지 적어도 심포지엄 8회, 학회지 게재논문이 16편이며, 학회지 《임상심리학연구》와 《사회임상잡지》에 수록되어 있다.

이 흐름에 반동으로 '자격·전문성의 긍정과 충실'을 목표로 하는 일본심리임상학회가 1982년에 발족되고, 일본임상심리사회를 별도로 설립해서 임상심리사의 자격발행을 향해 활발히 움직였다. 대표적인 견인역을 가와이 하야오河合隼雄가 했는데, 가와이는 당시 출판된 《심리요법논고》(1986)의 머리말에서 일본임상심리사의 자격이 지연되는 것을 우려하면서 "단적으로 말해 심리치료사로 개업하여 생계를 꾸려갈 수 있게 되어야 한다고 생각한다"라고 기술했다. 가와이는 또 <마이니치신문>(석간 1985년 12월 9일, 10일자)에서도 '마음의 전문가'의 국가자격 인정과 이를 위한 대학원 양성과정의 확립 등을 요청하는 발언을 했다. 이에 대해 야마시타 쓰네오山下恒男는 마음의 전문가의 필요성을 제창하는 동기는 가와이 자신에게 필요해서이고, '과학'이라는 권위로 스스로를 보호할 수 없게 된 전문가가 이번에는 '국가'라는 권위에 매달리려고 하는 것이라며 호되게 비판했다(《클리니컬 사이콜로지스트》 121호, 1986).

현재 일본임상심리사 자격인정협회는 문부과학성과 강한 유대 아래 학교라는 커다란 '시장'의 학교상담사직을 독점하고 있다. 그 때문에 2002년 10월에는 다른 자격을 발행하는 학회 등 14개 단체가 항의의 뜻을 포함한 제의서를 문부과학성에 제출하는 등의 알력을 낳아 전문가들 간의 세력다툼이 발생했다.

1990년대에 들어서면서 자격문제는 의료 분야에서 일하는 임상심리사의 문제를 둘러싸고 더욱 치열하게 전개되었다. 1990년에는 일본후생성(우리나라의 보건복지부)이 의료, 보건 분야에서 일하는 심리사의 국가자격 인정업무를 시작하기 위해 그때까지 자격 마련에 반대해온 일본임상심리학회에게 후생성의 자격제도 검토회에 사람을 보내 협력을 위한 제안을 했다. 또다시 학회는 이 자격

문제를 둘러싸고 큰 논의에 휘말렸고 인정업무의 협력에 찬성하는 입장이 다수를 차지한 탓에 임상심리사 자격 마련에 반대하는 입장의 사람들은 탈퇴하여 새로 일본사회임상학회를 만들었다. 그것은 1993년의 일이었으며 이 책의 필자들은 이 새 학회에 가입했다.

후생성 관할의 국가자격이 곧 시행될 거라는 자격 찬성자들의 기대와는 다르게 그로부터 10여 년이 지난 지금도 문제는 진전이 없다. 이 문제에 관해 국가자격을 의료 분야에 한정하고 의사 밑에서 업무를 수행하려는 '전국 보건 · 의료 · 복지심리직능협회'의 입장에 대해 가장 큰 심리사 단체인 '일본임상심리사회'가 반대하고 있다. 후자의 입장은 국가자격을 의료현장에 한정하지 말고 다른 분야, 즉 교육, 산업, 복지 영역 등도 포함할 것, 그리고 의사의 지시는 불필요하다는 것이며, 약 5만3천 명의 서명을 모아 후생노동성에 제출했다고 한다(<아사히신문>, 2003년 1월 23일자). 이것이 자격문제의 경과와 현황이다.

누구를 위한 자격인가

여기까지 심리사의 자격문제를 둘러싼 30여 년의 역사와 현황에 대해 간략하게 언급했다. 전문가의 자격 마련이 얼마나 그 전문가의 편의와 세력 의식에 근거하고 있는지 알 수 있을 것이다. 심리사의 일은 살아 있는 인간을 대상으로 하는 일임에도 불구하고 환자, 고객, 이용자 등으로 불리는 당사자의 생각은 무시된다. 상담 받는 입장에서는 '위'의 관점에서 일방적으로 '해석'되는 것을 바라지 않고 불쾌해할 텐데도 그런 행위를 '높은 자격'을 가진 사람들에 의한 당연한 일로 받아들이는 경우가 드물지 않다. 어느 피치료자는 다음과 같이 말했다.

"치료자는 나를 하나의 인격을 가진 인간으로 보지 않고 내 말과 행동, 그리고 그 뒤에 있다고 생각하는 것들을 해석하는 일에 관심이 있어요."

신체의 문제와는 달리 '마음의 문제'로 불리는 것은 그 사람의 인생에서 불운이거나 불리한 상황에 놓인 삶의 방식의 문제일 수 있다. 그 내용을 누가 봐도 보이는 형태로 파악하는 것은 불가능하다. 이와 같은 업무에 자격자들은 과연 책임을 지려고 할 것인가? 그리고 그러한 문제에 책임을 진다는 것은 도대체 어떤 것일까? 자격 문제의 논의에서 심리사의 머릿속을 차지하고 있는 것이 피치료자를 제외한 전문가의 사정뿐인 것은 아닐까? 그렇게 프라이버시 보호라는 이름으로 '문제'는 전문성의 안쪽에 묻혀버린다.

병원의 임상현장에서 자신의 일을 반문하며 자격문제를 생각해 온 스즈키 신지(鈴木伸二, 1985)는 다음과 같이 말했다.

"(심리치료사가) 전문직으로서 다른 전문직종과 마찬가지로 자격주의 사회에 자리매김하면 자신도 모르는 사이에 권익과 욕망의 추구가 시작된다. 피치료자의 입장에 선다는 기본 방침과는 정반대로 자신의 입장을 지키고 최소의 노력으로 더 많은 이익을 얻으려 하는 성향을 갖기 쉽다."

또 30년 동안 정신병원에서 근무했으며 심리사 자격화에 반대해온 아카마츠 아키코(赤松晶子, 1989)는 이렇게 말했다. “자격은 사람들을 나눈다. 다양한 직원들이 직장의 여기저기에서 각각의 환자에게 필요하다고 생각되는 일을 하고, ‘자격’ 등으로 구분하지 않는 곳이 되도록 조금씩이라도 노력해가고 싶다.”

스즈키나 아카마츠의 지적에서 이어지는 것이지만 문제는 자격을 통해서 누가 보호받는가라는 것이다. 사회적 지위, 권익, 일에 대한 보수 등의 면에서 전문가 자신이 보호받는 것은 틀림없다. 게다가 피치료자와의 관계에서 갈등이 일어났을 경우에도 치료자에게 유리한 방어수단을 얻을 수 있을 것이다.

그러나 정작 중요한 피치료자는 보호받을까? 예전에 사회에 큰 충격을 준 소년 사건이 발생했을 때 범죄를 저지른 소년이 상담을 받으러 다녔던 사실이 보도되었다. 그때 TV화면에 등장했던 한 임상심리사는 “고난도의 사례여서”라며 상담이 제대로 기능하지 않았던 이유를 설명했다. 치료 장면에서 일어난 문제나 분쟁 등 불편한 부분은 상대방의 ‘어려움’으로 귀결시킨다. 상대가 대단히 힘든 사람이기 때문에 어쩔 수 없었다는 표현으로 상황을 종료시키고, 세상도 전문성과 자격이라는 권위 아래 그 상황을 납득하고 만다. 물론 사회에 비극이 일어나는 것은 유감스럽게도 어쩔 수 없지만, 자격이 그 원인을 공공연하게 본인의 내면에 가두는 관점을 제공하는 경우가 많은 것은 아닐까?

피치료자가 치료과정에서 납득할 수 없다며 거듭 화를 내고 치료자에게 항의라도 한다면 한층 더 불리한 해석을 제기하거나 중증 인격장애 등의 진단명을 댈 우려가 있다. 그런 경우에 피치료자는 이중으로 상처받을 것이고 그 고통은 헤아릴 수 없을 것이다. 하지만 전문가는 상대가 얼마나 '고난도인가'를 설명하는 해석 가설이나 이론을 일방적으로 가지고 있기 때문에 언제든지 안전지대에 있을 수 있다. 그 안전을 보장하는 것도 자격의 역할 중 하나라고 생각한다.

요즘 신체의료 분야에서는 의료과실 문제로 의사에게 책임을 묻는 일들이 발생하고 있다. 하지만 임상심리사가 치료과실로 책임졌다는 얘기는 거의 없다고 해도 될 만큼 표면으로 드러나지 않는다. 그것은 '마음'이라고 불려온 삶의 방식의 문제에 대해 인과관계를 입증하는 것 같은 일이 불가능하기 때문이다. 이것이 신체의료와 다르다. 이 점을 언급한 사카이 미쓰루(酒井充, 1989)는 다음과 같이 말했다.

"국가자격으로 제도화하는 것은 그 당시의 정부가 정책상 그 제도가 있는 편이 편리할 것이라고 간주한 것일 뿐이다. 따라서 임상심리학의 본질에 대한 논의를 피하고 국가자격을 먼저 만들려고 하는 것은 절대 용인될 수 없다. 지금의 미덥지 않은 심리학적 인간관을 일반적으로 국민에게 강요하는 것은 말이 안 된다."

"자격제도가 없으면 수상한 종교 등에 잘못 걸려드는 사람이 늘어나지 않을까?"라는 의견이 있을 것이다. 하지만 자격으로 둘러싸인 전문가의 높은 담 안에서도 분쟁은 더 꼬인 형태로 일어나고 있다. 그것이 사회에 보이지 않는 것은 피치료자가 권위구조 속에서 억울해도 별 수 없이 참거나 폐쇄구조 속에서 사실이 은폐되기 때문이다. 자격은 인격이 아니라 교환 가능한 '신분'이지만 피치료자는 치료자를 한 사람의 인간으로 본다. 거기에 양측의 입장 차이나 어긋남이 있으며 피치료자의 괴로움이 생겨난다. '마음의 수상한 장사법'은 상대를 속이지만 '훌륭한 자격'은 문제가 생겼을 때 상대를 자신의 논리로 당당하게 봉쇄한다. 어느 쪽도 입장이 약한 자의 편이 아니라는 의미에서는 같다.

과거에 필자가 심리상담 일을 하던 시절에 있었던 씁쓸한 경험이 생각난다. 일본을 떠나야 해서 그 직장을 그만두게 되었을 때 그때까지 상담해왔던 젊은이에게 "다른 상담사를 소개하고 싶다"라고 말했는데 그에게서 이런 말을 들었다. "나는 지금까지 당신이라는 사람과 이야기했습니다. 그만두고 볼 수 없게 된다면 여기서 끝인 거죠. 상담사를 바꾼다는 말은 아니잖아요"라고 말이다. 지극히 당연한 말이었다. 이미 30년이나 지난 일이지만 '마음의 상담' 일에서 완전히 떠난 지금도 잊을 수가 없다. '마음에 대한 자격'이 등장하고 확산되면서 시대를 지배하는 가운데 거기에 숨겨진 우쭐거림이나 폭력성의 문제를 지금도 변함없이 느낀다.

제3장

《마음의 노트》와 심리학

오자와 마키코

1 《마음의 노트》의 배경

노래는 시대를 따라

2002년 4월 모든 학교가 '주5일제' 전환으로 매우 분주한 가운데 문부과학성은 책자를 발행하여 모든 학생에게 배포했다. 그 내용은 도덕 보조교재라고 하는 B5 크기에 100페이지 안팎의 책자였다. 초등학교 1·2학년용, 3·4학년용, 5·6학년용, 그리고 중학생용의 네 가지로, 사립학교를 포함하여 전국의 초등·중학생에게 배포되었다. 약 11억 엔의 제작비를 들여 부드러운 파스텔풍의 색채를 풍부하게 사용한 고급스러운 모양새로 책 제목은 《마음의 노트》였다. "이 노트는 당신의 마음을 크고 아름답게 하기 위한 것입니다"(초등학교 1·2학년)이라는 말로 시작하여 "빛나는 나가 되자"(초등학교 3·4학년용), "위대한 것의 숨결을 느끼자"(초등학교 5·6학년) 등 누가 말하는지도 알 수 없는 여러 대화를 거쳐 중학생용의 책자에는 "우리나라를 사랑하고 그 발전을 기원한다"라고 적혀 있다. 네 권 모두 국가주의적 도덕교육의 냄새와 저항감을 갖지 않게 하는 심리주의적 수법의 혼재가 특징이다. 이 장에서는 이 책자의 분석을 중심으로 국가 정책과 심리학(자)의 결합을 통해 지향되고 있는 것을 살펴보겠다.

분석에 앞서 먼저 아이들을 둘러싼 현재의 학교 상황, 즉 《마음의 노트》의 제작 배경을 이야기하고자 한다.

2003년 젊은이들을 중심으로 크게 유행한 노래는 '세계에서 하나뿐인 꽃'이란 노래였다. 그 가사를 들어보면 현재의 아이들이나 젊은이들을 에워싸고 있는 사회 분위기를 반영한 듯한 느낌이 든다. 이 분위기는 정책적으로 만들어진 사회배경과 깊은 관계가 있다.

가사의 도입부에는 다음과 같은 말이 있다.

"우리들은 세상에서 하나뿐인 꽃", "각자 다른 꽃을 피우는 일에 최선을 다하면 돼", "넘버원No.1이 되지 않아도 좋아, 원래부터 특별한 온리원Only One."

독자적 개성, 둘도 없는 자신다움, 개인의 노력, 그리고 '분수'에 대한 인식. "자신은 특별한 사람이다"라며 아이들과 젊은이들의 자의식을 때로는 비대하게 만드는 한편 친구의 존재는 알아차리지 못하게 해서 고독하게도 한다. 물론 "나는 나다, 다른 사람과 비교하지 않아도 된다"라는 자세는 소중하므로 이것을 부정하는 것은 아니다. 하지만 '개성의 시대'라고 불리게 된 지 오래인데도 아이들이나 젊은이들은 반대로 기력을 잃어가는 듯 보인다.

현실에서는 개인이 더욱더 엄격하게 평가받고 세세하게 분류되기 때문이다. 한 중학교 음악교사는 이렇게 말했다.

"좋은 멜로디이고 아이들이 좋아하는 스마프SMAP[1)]의 노래라 즐겁게 부르지만 현실과 너무 차이가 큰 가사여서 공허해요."

이 가사에서 빠진 것은 사람들 간의 횡적 관계와 공동체 의식이다. "우리 인간은 어째서 이렇게 비교하고 1등이 되고 싶어 하지?"라는 말은 맞는 이야기지만 그렇다고 '모두가 그렇게 다를 게 없어, 그래서 다 같아'가 되는가라고 생각하면 그렇지도 않다. '애써 핀 꽃은 모두 예쁘다'라며 개개인의 노력이나 자기결정, 자기책임의 분위기가 감돈다. 이렇듯 이곳은 자유롭게 보이면서도 실은 경쟁과 냉혹한 끊어버림을 강요하는 시장 만능주의 사회의 풍조와 이어지고 있는 듯 느껴진다. 말 그대로 노래는 시대에 따라 달라지는 것이다. "이것은 전쟁을 반대하는 노래이기도 하거든요"라고 말해준 젊은이가 있었다. 미국의 이라크 침공사태를 겨냥한 가사라면서 말이다. 하지만 그러기에는 조금도 연결된 느낌이 없다. 개인성과 그 힘만이 강조되어 있기 때문이다. 그런 의미에서 지금 유행하고 있는 '자기발견'이나 '자기긍정' 등의 분위기는 심리주의에 가깝다. 인간관계 없이는 혼자서 자신을 발견하거나 긍정하는 것이 불가능한데도 불구하고 이 사실은 무시되고 있다.

학교의 변화에 눈을 돌리면 성취도별 학습이 도입되면서 내면(마음)의 통제에 의해 더욱더 엄격한 평가가 확산되는 현상이 여

---

1) 일본에서 큰 인기를 받아온 남성 아이돌 그룹이다.-옮긴이.

기에 더해진다. 개성화, 자유화, 국제화 등의 이름하에 아이들은 뿔뿔이 흩어진다. 《마음의 노트》는 국가주의적 도덕교육이라는 취지를 담아 무방비 상태인 아이들의 생활 속으로 들어온 것이다.

아이들을 나누는 학교

"어떤 꽃이든 그대로 좋아"라는 수용적인 노래와는 반대로 교실에서는 능력별 학습이 진행되고 있다. 수도권의 한 초등학교에서는 아이들을 '성취도별'로 세 그룹으로 나누어 위에서부터 '쭉쭉', '쑥쑥', '느긋느긋'이라고 이름을 붙였다고 한다. 그랬더니 아이들은 예리하게도 '느긋느긋' 그룹을 '바보들의 반'이라고 부르며 "아, 이번엔 바보들의 반에 들어갔네"라며 한숨을 쉰다. "그런 식으로 말하면 안 돼. 느긋느긋 그룹도 하나의 개성이야. SMAP의 노래도 그렇잖아" 등의 말로 타이른다 해도 현실을 있는 그대로 꿰고 있는 아이들에게 통하지 않는다. 어른들의 기만 같은 것은 이미 꿰뚫어 보고 있다. 정직함이 아이들의 장점이다.

더욱이 2003년부터는 '특별지원교육'이라는 것이 학교현장에 들어가기 시작했다. 그동안 보통 학급에서 "떼쟁이구나", "고집불통이네", "좀 별난 애야" 등으로 평가되면서도 당연한 듯이 같이 지냈던 아이들을 다른 장소로 골라내서 '특별지도' 대상으로 삼는다고 한다. 그 아이들은 학습장애, 주의력 결핍·과잉행동 장애, 고기능 자폐증 등의 진단명이 붙여져 개별지도를 받게 된다. 이 진단명들은 1960년대에 미세 뇌기능 장애Minimal Brain Dysfunction, MBD 등의 용어로 미국에서 들어와 특별히 주목받지 못하다가 새롭게 유행을 타기 시작했다. 그 이유는 문부과학성의 새로운 정책에 있다. "지금까지 손이 닿지 않은 통상학습에서 지원을 필요로 하는 아이들이 많으므로 그 지원체제에 충실을 기한다"라고 시책을 시행하는 문부과학성은 말하지만, 실제로는 아이들의 세분화를 목표로 하는 시스템이나 다름없다. 학교는 다양한 아이들이 긴 시간을 함께 보내면서 웃고 부딪히는 가운데 서로 배워가는 장소라는 의미를 갖고 있지만, 그런 인식은 점점 부정되고 있다.

능력별 학습이나 특별지원교육 등 빈틈없이 친절한 지원이라는 표현의 안쪽은 사실 능력별, 적응도별로 아이들을 나누는 것이다. 그 내용은 국가에 도움이 되는 극소수의 엘리트, 그것을 뒷받침하는 유순한 대다수, 그리고 별도의 장소에 갇히는 것을 감수하는 장애인이다. 그것이 지나친 생각이라고 말하는 사람에게는 한 정책결정 책임자의 직설적인 의견을 소개하는 것으로 충분하겠다.

"못하는 사람은 못해도 됩니다. 제2차 세계대전이 끝난 지 50년, 뒤떨어진 아이들의 밑바닥을 올리는 데에만 쏟았던 노력을 할 수 있는 아이를 무한히 개발하는 데로 돌립니다. 100명 중 한 명이라도 괜찮습니다. 머지않아 그 아이들이 나라를 이끌어 갈 것입니다. 어쩔 수 없이 못하는 아이들에게는 최소한 성실하고 정직한 정신만 길러주면 됩니다."

이것은 '풀뿌리보수'풍의 지역사회 아저씨의 말이 아니다. 전 교육과정심의회 회장, 문화청장관이기도 했던 미우라 슈몬三浦朱門

의 담화이다. 언론인 사이토 다카오斎藤貴男가 저서 《기회 불평등》(2000)에서 소개해 요 몇 년 사이에 세상에 널리 알려졌다. 최근의 능력주의적 교육정책의 내부사정을 이렇게까지 단도직입적으로 나타내는 말도 없을 것이다. 인간 평가의 그물망을 세세하고 엄격하게 만드는 것은 성실히 노력해도 상승할 수 없는 사람들을 체념하게 하여 별 탈 없이 떼어버리고 가기 위한 수법이기도 하다.

엘리트 양성과 도덕교육의 부상

평가의 그물망은 촘촘해졌고 평가대상의 범위 또한 확장되어왔다. 1989년에는 학습지도요령이 바뀌고 '새로운 학력관'이 등장했으며 1991년에는 그에 따라 지도요록(우리나라의 생활기록부)이 개정되면서 아이들의 학습에 대한 '의욕·관심·태도'가 평가의 대상이 되었다. 학업성적뿐 아니라 내면이나 인격의 영역까지 평가하게 된 것이다.

1980년대 즈음까지는 "학교성적만이 전부가 아니지요. 공부는 못하는 아이라도 사회에 나가면 잘할 거예요"라던가 반대로 "배려심이 있고 친절한 아이인데 학교에서는 시험성적밖에 보지 않아요" 등의 말을 자주 들었다. 즉, 학교는 지식습득과 학습성과에 대해 평가를 가장 중요한 역할로 치는 곳으로 '마음'을 학습과 관련해서 직접 평가하는 곳은 아니었다. 그것은 한편에서 '지식교육의 편중'이라는 비난을 가져왔지만 어떤 면에서는 아이들의 심신을 통째 노골적으로 값을 매기는 경망스러움에 일단 제동을 걸어

주었다. 또, '학교성적만이 전부가 아니다. 세상에는 다른 척도가 있다'라는 대항 가치의 성립 근거이기도 했다.

지식교육 중심 평가에서 인격전체 평가로 향하는 정책의 전환은 1980년대 후반의 임시교육심의회의 최종 보고가 나온 무렵이었다. 1987년에 발표된 제4차 (최종)보고에서는 교육의 기본이 '덕육・지육・체육'의 순으로 기술되어 있었다. 여태까지 학교교육의 역할은 '지・덕・체'라고 일컬어지며 지식교육이 당연한 듯 가장 앞에 놓여 있었다. 읽기・쓰기・계산 이른바 기초학력을 철저히 한다는 것이었다. 임시교육심의회의 보고에서 이 순서가 변경된 의미는 크다. 동시에 제창된 지식교육에 관한 자유화, 개성화, 다양화, 생애학습 노선 등은 학교가 기존에 맡아왔던 역할을 상대화하고 개별학습의 색채를 강화하는 것이었다. 후의 교육과정심의회 회장 미우라 슈몬이 "못하는 사람은 못해도 됩니다"라고 호언장담했던 대로 아이들이 함께 배우는 방식은 사라지고 있다.

도덕교육과 심리학의 결합

학교가 전원 기초학력 중시 교육에서 엘리트 교육으로 축을 옮기면서 대다수 비엘리트층의 '성실하고 정직한 정신'(미우라 슈몬)의 함양이 국가 과제로 떠올랐다. 국가가 특별히 우대하는 사람들을 시기하지 않고, 원망하지 않으며, 분수를 알아 권력에 순종하는 '마음'을 기르는 과제. 임시교육심의회의 최종 보고에서 교육의 역할 첫머리가 '도덕교육'인 것도 제2차 보고에서 학교상담의 도입을 크게 강조한 것도 이와 관련이 있다. 상담 역시 분노나 실의를 달래서 상황을 원만히 유지하는 역할을 맡는다는 점에서 도덕교육과 연결되어 있다. 이번에 문부과학성이 교과서 제작이나 교재 배포의 규칙을 무시한 억지스러운 방법으로 《마음의 노트》라는 국가 도덕적인 교재를 만들어 모든 초등・중학생에게 배포한 일은 도덕교육과 심리학이 결합하는 움직임이 더욱 전개되었음을 보여준다.

《마음의 노트》의 취급에 대해 문부과학성은 2002년 7월 전국에 배포상황 조사를 명했다. 그 뒤 야노矢野 초등중등국장은 2002년 8월에 "의무적 사용이 아니라 교육위원회와 교장의 판단하에 사용"이라고 조심스럽게 설명했지만 2003년 2월에는 "국가지도 조언의 일환으로 사용하도록 부탁했다. 이에 따라 각 학교의 설치자인 기초단체 혹은 학교가 이것을 사용한다는 결정을 하면 교직원에게는 사용 의무가 부과된다"라고 말하면서 '국기・국가'와 다름없이 실제로 강제력을 갖는 것임을 시사했다. 2003년 5월에는 모든 광역지자체를 대상으로 활용상황 조사를 수행하고 이어 7월에는 《'마음의 노트' 활용 사례집》을 모든 학교에 배포했다. 예사롭지 않은 국가의 의지가 엿보인다. '마음・도덕'은 이렇게 학교현장으로 급속히 침입했다.

2 '마음의 교육'에서 《마음의 노트》로

심리학이 학교로 들어온 역사적 경위

《마음의 노트》에는 저자명이나 출판사명이 나와 있지 않고 '문부과학성 발행'이라고 인쇄되어 있을 뿐이다. 그러나 단정적인 말투나 꽤 긴 문장이 많이 들어 있다. "당신은 '일본의 전통과 문화'의 든든한 후계자이다"(중학생용)라는 말처럼. 그런 말은 대체 누구의 말인지 알 수가 없다. 아이라면 "이름을 쓰는 걸 잊어버렸잖아!" 하고 혼이 났을 텐데 말이다. 이름이 적혀 있는 것은 편집협력자회의 등의 구성원뿐이고 그 명단은 교사용 지침인 《마음의 노트를 활용하기 위해서》에만 실렸다. 회의의 의장은 가와이 하야오로 1990년대에 학교상담사를 학교에 도입하는 일을 한 심리학자이다. 이번에도 도덕교육을 추진하는 문부과학성과 심리학자가 손을 잡았다. 이런 형태로 심리학이 학교교육의 내용에 관여한 적은 지금까지 없었다. 그래서 여기서는 《마음의 노트》를 태어나게 한 일본의 학교교육과 심리학의 결합에 대해 그 역사적 경위를 간략하게 살펴보려고 한다.

학교와 심리학의 연결 자체는 결코 새로운 것이 아니며 제2차 세계대전 직후까지 거슬러 올라간다. 1946년에 미국교육사절단은 전시의 국가주의 전체주의적인 교육을 없애기 위해 '개별적인 아이에게 주목'하기 위한 교육방법을 지도했다. 학생지도 분야에서도 개인에 관한 자료수집과 개인지도가 강화되면서 심리검사나 상담 등의 심리학적 방법을 학교에 도입하려고 했다. 하지만 이 발상은 집단을 중시하는 생활문화가 기반인 일본사회에는 맞지 않아 심리학은 당시의 학교에서는 뿌리내릴 수 없었다.

심리학, 특히 심리검사를 이용한 아이들의 선별이 급속도로 시작된 것은 1960년대 고도성장기에 특수교육 정책이 강력하게 추진되었던 시기였다. 이 시기에는 교육상담기관이 기초 단체의 교육위원회에 부속되는 형태로 학교 밖에 속속들이 만들어졌다. 초반에는 특수학급에 들어가기 위한 판정 자료를 만들기 위해 개별 지능검사를 실시하는 것 등이 주된 역할이었으나 1970년대에 들어와 등교를 거부하는 아이들이 늘기 시작하면서 상담기관도 매년 증설되어 아이나 부모의 상담·심리치료의 실천 및 연구가 활발해졌다.

1982년에는 일본심리임상학회가 설립되었고 1985년에 학회 이사장이 된 가와이 하야오는 학회의 세력 확대를 위해 정력적으로 움직이기 시작했다. 당시 나카소네中曾根 내각의 임시교육심의회

공청회에 초대받으면서 정치계와 접촉하여 '마음의 전문가'가 학교나 가정에 필요하다는 말을 언론 등을 통해 세상에 퍼지게 했다. 특히 1985년 12월에는 <마이니치신문> 석간 문화면에 '마음의 전문가의 필요성'이란 글을 이틀간 게재함으로써 심리학의 학교 진출과 '마음의 전문가'의 자격문제에 대해 강력하게 홍보했다.

1988년에는 일본심리임상학계가 중심이 되어 일본임상심리사 자격인정협회를 설립했다. 이 협회는 1990년에 재단법인이 되었고 회장 자리에 전 문부사무차관인 기다 히로시木田宏가 취임하면서 자격인정협회와 문부성의 결합이 얼마나 강한지를 보여주었다. 1995년부터는 '문부성 학교상담사 활용조사연구 용역사업'이란 이름으로 학교에 상담사가 들어오기 시작했으며 매년 예산과 배치 인원수를 급속히 늘렸다.

이 단계에서 임상심리학적 실천의 대상이 상담이 필요한 특정 아이에서 학교 내의 모든 학생으로 단번에 확산되었을 뿐 아니라 그 역할도 마음의 상담・치료에서 예방・개발로 확대되었다.

학교상담사 자리는 현재도 앞서 언급한 일본임상심리사 자격인정협회가 인정하는 '임상심리사'에 의해 거의 독점되고 있다. 그 때문에 2002년 10월에는 '교육상담사'나 '학교심리사' 등 다른 자격을 발행하고 있는 학회 등 14개 단체가 문부성에 제의서를 제출했다. 거기에는 "다양한 상담전문가가 있음에도 불구하고 임상심리사가 학교상담사 업무를 독점하고 있는 것은 매우 문제가 있으므로 조속히 근본적인 개선이 필요합니다"라는 대목이 있다. 실제

'임상심리사'는 현재 10종 이상이나 있는 민간 심리사 인정자격 중 하나인데도 불구하고 이런 종류의 직업에 쓰이는 일반적인 칭호로 인식되고 있고 심지어는 국가자격으로 오인되고 있을 정도이다. 그만큼 가와이 하야오의 정치력은 크고 문부과학성과의 결합은 공고했다. 앞서 말한 학교상담사와 관련된 문부성 사업의 실시요강에는 '학교상담사의 선정 등'이라는 항목에 '재무법인 일본임상심리사 자격인정협회가 인정한 임상심리사 등'이라는 표기가 있어 사실상 시장을 독점하고 있다. 다른 학회 등의 단체가 잇따라 이의를 제기한 것은 이 고용독점 사태에 대한 대항이었다.

대학 자치에 대한 인정협회의 개입

덧붙여 말하면 대학 또한 '인정협회'의 영향을 받았다. '임상심리사'의 응시자격은 대학원 석사과정 이상 수료를 기본으로 하고 있지만 '인정협회'는 1996년부터 이 응시자격을 자신들이 지정하는 특정 대학원 연구과의 졸업생으로 제한한다고 발표했기 때문이다. 이른바 '대학원 지정제'이다. 이는 지정을 희망하는 대학원 연구과가 신청하면 지정협회가 심사하여 지정 여부를 결정한다는 것이다. 결국 인정협회가 보증하는 대학원을 나오지 않으면 '임상심리사' 응시자격을 얻을 수 없다. 당시 도쿄대학 교육학부장인 우라노 도요카즈浦野東洋一는 <학교상담사와 대학 자치>(1992)라는 논문에서 "한 재단이 대학에 이렇게까지 '관여'하는 것을 용인할 수 있는가"라며 항의했다. 가와이 하야오가 이끄는 '인정협회'는 자격 인정에 관해 각 대학의 전공과정 명칭, 교원인사, 커리큘럼, 석사논문의 주제와 내용까지 개입할 수 있게 되어 대학은 공·사립을 막론하고, 각 대학의 의향을 묻지도 않은 채 이 대학원 지정제 문제에 휘말려 들었다.

1990년대에 전개된 학교상담사 파견 사업이나 2000년대에 들어 《마음의 노트》가 제작된 배경에는 전문가와 정치의 이 같은 깊은 결합의 확산이 있었다. 학교교육과 심리학의 결합이 노골적인 양상을 띠게 된 것이다. 이러한 현상은 사회에 심리주의를 보급하고 이끌어온 가와이의 존재 없이는 일어날 수 없었을 것이다. 그 주도성이나 관여 정도까지는 알 수 없지만 적어도 관료계와 학계의 상부상조 구도가 형성된 것만은 확실하다.

기존에 '특별한 조처'가 필요하다고 간주된 아이들을 위한 임상심리 실천은 학교 밖의 상담실에서 학교 안으로 들어가 상담활동을 일상화하였고, 심지어는 이번 도덕교육과 결합하여 《마음의 노트》라는 형태로 교실에 들어가서 모든 아이들의 '마음의 관리'를 맡으려고 했다.

'마음의 교육'의 등장과 그 변천

이렇게 학교상담사가 학교에 들어간 1990년대 후반부터는 학교 내에서 '마음'이라는 단어가 범람하게 되었다. 처음 등장한 용어는 '마음의 교육'으로 그 계기는 1997년 고베에서 벌어진 초등학생 연쇄살인 사건 때문이었다. '사카키바라酒鬼薔薇 사건'이라고도 불리는 이 사건의 범인은 중학생이었다. 당시 하시모토 내각은 소년을 체포한 다음 날에 열린 제16기 중앙교육심의회에서 유아기부터 마음의 교육을 할 것을 건의하는 방침을 정했다.

문부대신에게서 자문을 받은 것은 그해 8월로 그 내용은 세 가지였다. 첫째, 아이의 마음의 성장을 둘러싼 상황과 향후 중시해야 할 마음교육의 관점, 둘째, 유아기부터의 발달을 고려한 마음교육의 모습, 셋째, 가정, 지역사회, 학교, 관계기관이 연계·협력하여 대응하는 마음교육의 모습이다. 중앙교육심의회는 황급히 기무라 쓰토무(木村孟, 학위수여 기구장)를 좌장으로 하는 소위원회를 구성하고 이듬해인 1998년 6월에는 보고서를 냈다. 그 보고서의 제목은 <새로운 시대를 개척하는 마음을 기르기 위해-차세대를 키우는 마음을 잃을 위기>였다. 부제는 주어가 없어서 고개를 갸우뚱할 수밖에 없지만 그 내용을 보면 부모와 가정에 중점을 두고 있음을 알 수 있다. 아이의 '마음'을 가정교육과 연결하려 했던 문부성의 바람은 당시 학교교육에 심리학이 참여하면서 후원자를 얻은 모양새였다. '마음'이라는 말이 두 개나 들어간 보고서가 나왔다는 사실에서 앞서 말한 소년사건을 계기로 아이의 문제를 개인의 '마음=내면'과 가정 안에 두겠다는 의향이 나타난다.

'마음'이라는 단어는 사용하는 측의 편의에 맞춰 어떻게든 이용할 수 있는 편리하고도 위험한 말이다. 다만 1990년대 끝에서 등장한 '마음의 교육'이라는 애매한 말의 내용이 구체적으로 어디를 향하고 있는지 이 시점에서는 잘 보이지 않았다.

하나의 가능성은 <마음의 교육=심리학에 의한 교육>이었다. 1995년부터 시작된 학교상담사 배치와 함께 1998년에는 앞서 언급한 고베의 '사카키바라 사건'을 계기로 '마음의 교실 상담원'의 파견이 시작되었다. 이에 따라 '마음의 교실'이 많은 학교 안에 만들어졌다. 더욱이 앞의 중앙교육심의회 보고서 <새로운 시대를 개척하는 마음을 기르기 위해> 중에서도 학교교육과 관련한 장에 "학교상담사 양성에 충실을 기하자", "교원은 상담심리를 익히자" 등의 항목이 포함되었고, 지역사회와 관련한 장에서도 "가정교육 상담사를 배치하여 육아지원에 활용하자"라는 항목이 들어 있었다. 언뜻 보기에 향후 일본의 학교나 지역에는 '마음의 교육'이란 이름하에 심리학자가 골고루 퍼지는 과정이 기다리고 있는 듯이 느껴졌다.

그러나 '마음의 교육'의 전개는 그렇게 단순하지 않았다. '마음'이라는 말은 이용하려고 하는 사람의 편의에 따라 어떤 방식으로든 변한다. '공공심'에도 '애국심'에도 일찍이 전쟁에 꼭 따라붙던 '왕의 마음'에도 말이다. 심리학자의 학교 참여에서 시작된 '마음의 교육'은 2000년대에 들어서는 도덕교육·애국심교육으로 크게 바뀌었다. 그러나 거기에서도 학교에 상담사를 다수 도입하는 역할을 맡았던 심리학자 가와이 하야오의 이름이 여전히 건재했다. 이미 말했듯이 가와이는 국가주의적 도덕교재 《마음의 노트》 편집협력자회의 좌장을 맡았던 사람이다.

《마음의 노트》에 담긴 숨은 의도

여기서는 《마음의 노트》를 분석해보려고 한다. 이 노트의 여기저기에 들어 있는 심리 환원적 관점에 대해 살펴보겠다.

초등·중등용 도서 네 권 모두 서두에는 '자신을 아는 기본 정보' 질문 항목에 스스로 기입하는 양식이 있다. 이 부분의 1·2학년용 제목은 '너에 대한 것을 알려줘'이다. '너에 대한 것'이라고 해도 분명 여러 가지 것들이 포함되어 있을 것이다. 어디에 살고, 가족은 몇 명이며, 형제는 어떻고, 새로운 친구는 어떠하며, 반은 어떻고, 담임선생님은 어떠한지 등등. 그러나 여기서 묻는 '너에 대한 것'의 질문 항목은 좋아하는 음식, 좋아하는 놀이, 잘하는 것, 하고 싶은 것, 보물, 장래의 꿈, 지금까지 가장 기뻤던 일을 포함한 7개 항목이다. 즉, 자신의 내면=마음이라고 하는 사생활에 대한 것이다. 이러한 것들은 '너에 대한 것'의 일부분에 불과할뿐더러 아이들이지만 쉽게 말하고 싶지 않은 부분도 있을 것이다. 실제로는 '너의 비밀을 말해줘'라는 식의 질문이다. 하지만 답을 적다보면 이 '내면=마음'이 바로 그 자신이라고 의식상에서 바꿔치기가 되어버린다. 즉, 자신의 사회적·신체적 존재로서의 측면은 사라지고 내면적·심적 측면에만 초점이 맞춰져 그것이 바로 '나'라고 하는 바뀜, 다시 말하면 '어긋남'이 일어난다. 그 결과 자신이나 자신들에 관한 사회적 관점을 잃어버리기 쉽다. 제작자 측에서는 이러한 것을 의도하지는 않았다고 반론할 것 같지만 자각의 유무에 관계없이 그것은 심리주의 수법이다.

같은 항목의 3·4학년용 제목은 '자신에게 살짝 물어보자'이다. 내면의 사생활을 쓰라고 하는 의식이 있기 때문에 '살짝'이 되었을 것이다. 엿본다는 분위기가 감돌면서 더욱더 사회적인 부분과는 무관한 분위기가 된다. 항목은 13개로 늘어 좋아하는 노래나 열중하는 것, 최근 감동받은 일 등이 포함된다. 한 여자아이는 "좋아하는 노래는 비밀이니까 사실대로 적지 않아요. 누가 봐도 괜찮은 무난한 노래를 쓰는 거죠. 그 노래를 생각해내는 게 귀찮아서 쓰는 데 시간이 걸린다고요"라며 친한 교사에게 속마음을 털어놓았다고 한다. 아이들은 굴절된 대응을 강요받고 있다.

5·6학년이 되면 이 항목의 제목은 정확히 '이것이 지금의 나'가 된다. '너에 대한 것을 알려줘'의 주어가 바뀌면서 이번에는 내가 스스로를 단정 지어 쓰는 방식으로 되어 있다. 이처럼 '너'와 '나'가 자유자재로 바뀌는 것이 '마음의 노트'의 특징 중 하나다. '네가 자라는 마을-내가 자라고 있는 마을'과 같이 말이다. '너'라고 부르던 정체불명의 목소리가 언제부턴가 '나'의 목소리가 되어간다는 암시적인 무언의 강제력을 자아낸다. 그리고 목소리의 주인공은 결코 모습을 드러내는 일이 없다.

중학생용 항목의 제목은 '나의 자아상'이다. '자화'가 아니라 '자아'라는 심리학적으로 친숙한 말이 사용되고 있다. 항목 수는 부럽다고 생각하는 것, 자신에게 화가 나는 것 등을 포함해 16가지로 늘리고 질문지법이라고 불리는 심리검사와 흡사한 설문이 있을 뿐만 아니라 심지어는 '요즘 가장 자주 갖는 감정'이라는 항목까지 있다. 임상심리학적 시선은 상대의 감정에 최대로 관심을 가지지만 아무리 상대가 중학생이라고 해도 그런 사사로운 질문을 당당히 하는 것은 무례하다. 좋아하는 상대에 관한 것, 연적에 대한 질투심, 성에 대한 고민, 부모에 대한 반감 등 중학생의 감정은 항상 파도치기 마련이다. 어떻게 반응해야 하나 고민하거나 펄쩍 뛰는 것이 보통이다. '마음이 있는' 어른이라면 이런 질문은 할 수 없다. 끔찍한 일이지만 애초에 중학생들은 어른의 이런 무신경한 방법에 익숙해서 나름대로 잘 빠져나가는지도 모르겠다. 하지만 아이들의 내면을 파고들어 쓸데없는 고생을 시키고 있다는 사실은 분명하다.

내면의 관점으로 유도하기

'자신을 아는 기본 정보'는 현실적이면서 전체적인 자신을 '내면의 감정=마음'에 국한하며 '이것이 너이다. 왜냐하면 네가 스스로 적었으니까'라고 강요한다. 아이들은 자신의 내면에 관심을 집중하게 되어 주위 사람들과 연결이나 사회적 존재로서 자신의 모습을 보지 못하게 된다. 적어도 인간관계나 사회 상황보다는 자신의 내면으로 관심을 갖게 되어 고립적·내성적 관점을 만든다. 《마음의 노트》가 맡은 역할 중 하나가 바로 여기에 있다. 이 다음 페이지에는 밝고 순종적인 착한 아이를 만드는 덕목이 나열되어 있다. 이렇게 해서 심리학적 수법과 도덕교육이 융합한다.

처음 부분이 이렇게 써넣는 페이지이지만 마지막에도 자유롭게 기입할 수 있는 2페이지의 백지가 들어 있다. 1·2학년용은 '마음의 앨범', 3·4학년용은 '자유 칠판', 5·6학년용은 '나의 페이지', 중학생용은 '내가 만난 말, 마음에 울렸던 그 한마디'라는 제목이 각각 달려 있다. '이 책을 자신의 말로 자유롭게 매듭지으며 마무리하자'는 이유에서이다. 결국 '자유기술' 수법을 처음과 마지막에 사용하고 도덕적 메시지를 담은 중간 부분을 그 사이에 넣는 형식을 취하고 있다. 자발적으로 시작하게 하고 마지막을 자주적으로 매듭짓게 한다는 형태이지만 그것은 어디까지나 형태일 뿐 사실은 자유롭지 못하다. '자유의 옷을 입은 부드러운 강제'라고 느끼는 아이도 있을 것이다. 한 중학교 2학년생은 이렇게 적었다.

"내 마음속의 이야기를 꼭 적어야 하나요? 아무리 선생님이지만 왜 내 마음속까지 보여줘야 하나요? 나는 쓰고 싶지 않아요. 그런 노트라면 정말 싫어요. 내 마음속을 누군가가 엿보는 느낌이에요."(학생과 교과서 전국네트워크 21뉴스·25, 2002)

스스로 적을 수 있는 백지에는 여러 가지 덕목들이 나열되어 있다. "배려의 마음을 찾자"(3·4학년용), "고맙다고 말할 수 있습니까"(5·6학년용) 등등. 일상생활에서의 예의 등, 일반적으로 반대하기 어려운 내용도 확실히 많이 포함되어 있다. 예전의 교육칙어가 그러했듯이. 그러나 이 '노트'를 만들어 사용하도록 이런저런 압력을 넣고 있는 사람들은 풀뿌리시민부터 국회의원을 포함한 '우익세력'이라는 사실이 예컨대 다와라 요시후미俵義文의 자료 <《마음의 노트》에 관한 약자 연표>(2003)에서도 지적되었다. 《마음의 노트》는 뒤떨어진 예전 모습의 애국심교육(사상)과 새로운 얼굴인 심리주의(기법)의 합체인 것이다. 지금까지 없었던 도덕교재의 양식을 갖는 이유가 여기에 있다.

"예쁜 책이지만 어쩐지 수상쩍다"라는 말을 들을 때가 있다. 아름답게 만들어진 배후에 어떤 의도가 아른거리기 때문일 것이다. 그 의도의 본질은 이미 말했듯이 과거 교육칙어나 수신修身 교과서가 가지고 있었던 '국가를 위한 아이 만들기'와 동일하다. 이전에 그들은 목적을 단순하고 직접적인 말로만 말했기 때문에 그 의도도 문제도 알기 쉬웠다. 내용을 긍정하는 것은 아니지만 정직하다고 말한다면 그 점은 그렇다. 하지만 심리학적인 수법이 사회 여기저기에 스며들어 있는 현대에 등장한 《마음의 노트》는 앞서 말했듯이 조작기법에 의해 겹겹의 베일에 싸여 사용하는 측의 저항이나 의문을 막으려 하고 있으므로 의도를 파악하기 어렵다. '헤세平成 국정수신 교과서 《마음의 노트》'에 심리학자가 관여하는 의미가 여기에 있다.[2)]

《마음의 노트》에 담긴 심리주의적 수법

융 심리학의 권위자로 알려진 가와이의 저서를 애독해온 사람들이 세상에는 적지 않다. 지금까지 세상에 '자유주의'의 이미지를 널리 퍼뜨려온 심리학·심리학자와 현재 애국심 교육의 결합에 어리둥절해하는 사람들도 있다. 그러나 과거 전쟁에서도 심리

2) 헤세平成는 1989년 1월 8일부터 사용되고 있는 일본의 연호다.-옮긴이.

학자들은 병사의 심리검사 등을 통해 그 기술을 당시의 군부에 제공한 역사가 있다. 이 점에 대해서는 나중에 언급하겠지만 심리학이란 학문은 기본적으로 '사람의 마음이나 행동을 조작·관리하는 기술'을 근거로 성립하고 있기 때문에 그때의 권력이동이나 시대상황의 양상에 크게 좌우된다. 사람들을 권력이 원하는 방향으로 부드럽게 움직이는 중립적인 기법으로 보이지만 그 역할 문제에 대해서는 자각이 없기 때문에 심리학은 당시의 권력이 원하는 대로 움직여지기 쉽다. 수상쩍은 내용을 포함한 《마음의 노트》에 부드러운 이미지를 담아 읽는 이의 저항을 감소시키며 자발적으로 과제에 몰두하게 만드는 수단을 제공하는 부분에도 그 역할이 나타나 있다.

애초에 '책'이 아니라 '노트'라고 한 것 자체가 이미 임상심리학적 발상이다. 내용을 '위'에서 주는 것이 아니라 스스로 적도록 함으로써 '안'에서부터 새겨 넣는 수법이기 때문이다.

예를 들어 상담장면을 생각해보자. 상담사는 별로 말을 하지 않으며 《마음의 노트》의 백지 부분처럼 꾸미고, 내담자는 '자유롭게' 이야기한다. 다만 정말로 자유로운가 하면 그렇지도 않다. 상담사는 어떻게 보아도 전문가라는 권력의 위치에 있기 때문에 내담자는 어떻게 해도 사회에서 일반적으로 원하는 답, 즉 현상에 적응하는 방향의 사고방식으로 자신을 몰고 가기 쉽다. 누구에게 강제된 것도 아니고 스스로 자유롭게 말하는 장소에서 기대하는 모습으로 스스로 변화해간다. 이른바 '자발적·능동적 종속성'이 발휘되는 구조이다. 이것이 임상심리학적 조작성의 핵이다.

심리검사의 경우도 마찬가지이다. 심리검사 중 성격검사에는 크게 세 가지 방법이 있다. 구체적으로 상대에게 말로 물어보는 질문지법, 어떤 작업을 매개로 심리사정을 하는 작업법, 그리고 자유로운 상태에서 상대의 자발적인 반응을 끌어내 그것을 해석하는 투영법이다. 투영법이란 백지 부분에 '자유롭게' 그림을 그리고 글을 써서 얘기하도록 함으로써 내면을 투영하게 하는 방법 같은 것으로 성격검사의 주역이라고 해도 좋다. 《마음의 노트》에서 응용된 것은 투영법이라 불리는 심리검사 수법 중의 하나와 관련이 있다. 투영이란 'projection'의 번역으로 여기서는 마음속을 비추어낸다는 의미를 가진다. 물론 심리검사의 결과는 판정을 수반하는 것이기에 그 '자유'란 명목뿐인 것이지만 그래도 '자신이 생각하는 대로'라는 자유를 연출하는 것만으로도 검사를 받는 사람의 압박감이나 거부감을 줄이며 자기존중감을 줄 수 있다. 또 '누군가의 말을 듣고 한 것이 아니라 자발적으로 응답했다'라는 만족감을 줄 수도 있다.

하지만 그 '자유'의 산물은 사실 심리사정을 실시하는 측의 엄격한 평가의 눈에 노출된다는 의미에서 가면적이고 거짓인 자유와 자발성의 존중이다. 그러나 이런 종류의 관리수법은 이제 노사관계를 비롯하여 각종 인간관계를 만드는 방식에도 널리 받아들여져 보급되고 있다. 이번에 만들어진 도덕교재가 '노트'의 형태로 아이들이 써넣는 공백 부분을 넣어 만든 방식은 "강요하지 않아요. 여러분 자신의 말이에요"라고 부드럽게 아이들의 동기를 높이려는 점에서 심리학적 발상과 수법과 관련이 있다.

임상심리학뿐 아니라 학습심리학의 영역에서도 똑같은 이론이 있다. '내발적 동기부여'라고 하는 것이다. 눈에 보이는 당근과 채찍에 의해서가 아니라 내면에서부터 자발적인 '의욕'을 끄집어내려고 한다. 이 같은 경우에도 사람은 외부에서 조작되고 있음을 자각하지 못하고 자신의 의욕이나 동기를 조종당한다.

무엇보다 그 속임수는 가끔씩 간파된다. 도쿄의 한 초등학교 교사는 《마음의 노트》에 대해 이렇게 적었다.

"아이에게는 '자유롭게 씁시다'라고 말하면서 교사용 지도서는 '아이가 스스로 나서서 사용'하게끔 지도하라고 지시합니다. 그렇게 되면 그것은 당연히 '하라고 강요하는 것'이 아닙니까?"

여기에서는 앞서 말한 '자유'의 기만성을 지적하고 있다. 게다가 이 교원은 계속해서 이렇게 적었다.

"요즘 아이들은 유도심문적인 '강요'는 금세 알아차리고 싫어합니다. '자유롭게 사용해 주세요'라고 말할 거면 저는 깨끗한 백지 노트가 좋다고 생각합니다. 그것이라면 꿈도 적을 수 있고 시도 적을 수 있습니다. 사진을 붙여도 좋고 그림을 그려도 좋겠지요. 교환 노트로 해도 좋고요. 현장의 바람은 자유롭게 시도할 수 있게 해 달라는 것입니다. 좀 더 현장에 맡겨 주세요. 아이들과 시행착오 속에서 새로운 싹이 자라는 것 아닐까요? 이래도, 저래도 안 되냐 하는 식의 정책은 피로와 혼란을 늘릴 뿐입니다."(학생과 교과

서 전국네트워크 21 뉴스 · 26, 2002)

거짓 없는 자유와 이면 없는 백지를 이 교사는 바란다. 시인 아서 버나드도 《마음의 노트》(2004)에서 《마음의 노트》의 '자유' 문장을 거론하며 "이 노트를 사용하지 않을 자유는 있는가?"라고 야유했다.

애초에 "나라가 만든 도덕 교과서를 원한다" 등의 목소리가 학교현장에 있었던 것은 더더욱 아니다. 하지만 한편에서는 "좋은 내용들이 알기 쉽게 쓰여 있어서 좋네"라던가 "예쁘게 만들어져서 아이도 신이 나서 한다" 등의 현장이나 부모의 목소리도 있다. 심리학 기법이 쓰이는 곳에 항상 존재하는 찬반양론이 여기에서도 들린다.

3 국가를 위한 아이 만들기

'경외심' 만들기

중학생판의 제1장 '자신을 바라보고 뻗어가며'의 첫 페이지 삽화는 유리창에 비친 자신의 모습을 마주하고 있는 소년의 모습이다. 또 이 장의 마지막 페이지는 '마음의 자세'라는 제목으로 역시나 고개를 숙이며 반성하는 유리창에 비친 소녀의 삽화가 있다. 친구와의 관계 속에서 자신을 생각하는 것이 아니라 유리창 속 자신의 모습을 마주하는 고독한 설정이다. 그리고 후자의 삽화 밑에는 왠지 이 주제와 관계없는 이런 이상한 문장 하나가 느닷없이 끼어 있다. "무언가 큰 힘은 없는 걸까? 꿈과 희망, 그리고 용기가 솟아나는 듯한"이라고 말이다. 여기서 '무언가 큰 힘'이란 주위 사람들의 격려의 힘과 같은 횡적인 연결에서 오는 것이라고 보기는 어렵다. 이는 '신'과 같이 위에서 주는 힘이 아닐까?

《마음의 노트》 전권을 통틀어 하늘과 관련된 삽화가 눈에 띈다. 하늘 외에도 구름, 무지개, 비눗방울, 새 등 하늘과 연관된 그림이 많다. 예를 들어 초등학교 1·2학년용의 표지에는 남자아이와 여자아이가 둘이서 눈을 감은 채로 태양과 구름 아래 공중에 둥둥 떠 있다. 속표지에는 작은 사람들이 공중을 날고 있는 그림, 그 옆 페이지에는 하늘과 구름, 그리고 첫 번째 장 '가슴을 펴고 가자'에서는 다시 눈을 감은 여자아이가 책을 가슴에 안고 공중을 떠다니는 삽화, 그런 식으로 말이다. 이렇게 현실을 벗어난 분위기와 하늘이나 구름의 다양함은 무엇을 의미할까? 앞서 나온 '무언가 큰 힘'이라는 표현도 그랬지만 학습지도 요령·도덕내용에 담긴 "인간의 힘을 넘어선 자에 대한 경외심을 높인다"거나 "종교적 감정"과의 관련성을 생각하는 것은 자연스럽다. 여기에서 무엇에 대한 경외심인지, 종교적이란 어떤 종교인지가 마음에 걸린다.

《마음의 노트》(초등학교 1,2학년) 표지

《마음의 노트》에 구름 삽화가 많은 것에 대해 문제를 제기해온 사람으로는 교사였던 기타무라 사요北村小夜가 있다. 제2차 세계대전 이전과 전쟁 중의 학교교육을 몸소 체험한 입장에서 전쟁 반대 발언을 거듭해온 기타무라는 이 '노트'가 학교에 배포될 때부터 그 위험성에 대해 말했다.

"왜 이렇게 구름이 많은가? 이것이야말로 개국이 아닌가?", "전쟁 중에는 많은 전쟁 그림이 전의를 높이기 위해 그려졌지만 화가 요코야마 다이칸横山大観이 그린 태양, 산, 구름 등은 전쟁터에서 승리하는 일본군을 그린 것과 비교해도 뒤지지 않는 일본 찬미라는 사실을 잊어서는 안 된다."(《구름을 타고 찾아오는 것은》, 2003)

《마음의 노트》(중학교) pp.70~71

기타무라는 과거 전시교육을 체험한 사람으로 《마음의 노트》의 삽화에 사람들의 마음을 국가주의적 고양으로 이끄는 이미지 조작의 낌새를 알아챘다. '개정교육 기본법'의 선행 작업인 이 노트의 제작 배포가 국가에 순종적인 국민을 만든다는 의미에서 애국심 교육이 그 목적이라는 사실은 내용에서 분명하다. 그러나 말만으로는 그 목적을 달성하기 어렵다. 이론만으로 설득할 수 없는 부분을 메우기 위해 정념情念을 마련해야 한다. 논리는 논의를 낳아 열광이 가져오는 폭주를 방지하지만, 정념은 논의를 막아 논리의 파탄을 은폐한다. 정념 자체를 경시・부정하는 것은 아니다. 전쟁을 좋아하든 반대하든 정념을 동반한다. 문제는 《마음의 노트》가 아이들에게 주려는 정서와 정념이 어떤 내용인가이다.

'종교적 감정'과 국가신도

가치관을 강하게 강요하려 할 때 상대를 정념 자체로 그 세계에 끌어들이는 수법이 자주 사용된다. 그것은 때론 '세뇌'라고 통용된다. 《마음의 노트》를 거듭 비판한 미야케 아키코三宅晶子는 《'마음의 노트'를 생각한다》(2003)에서 "'건강한 밝은 미소'로 넘치는 《마음의 노트》에서 나치의 선전영화가 떠오른다"라고 언급했다. 또 《마음의 노트》의 많은 구름과 하늘, 하늘에 관한 삽화에 대해서 정토진종 혼간지파의 승려인 아사에다 아키라朝枝成는 《국가신도의 교과서 '마음의 노트'》(2004)에서 "오랜 시간의 흐름, 이 대자연", "대자연에 대해 무슨 생각을 하는가"라고 하는 큰 표제와 함께 웅대한 구름이나 산, 웅장한 바다의 사진이 배경으로 사용되고 있다. 거기서 위대한 것, 인간의 힘을 넘어선 것이라고 하면 아이들에게는 '신'이 이미지로서 뿌리내릴 것이다. 이것은 새로운 '국가신도'를 추진하는 교재라고 지적했다.[3)]

또 다카하시 데쓰야高橋哲哉는 《마음과 전쟁》(2003)에서 가와무라 다케오 문부과학성 장관이 당시 부대신(우리나라의 차관)이었을 때 "교육기본법 개정 논의로 생각하는 것"이라는 문장에 담은 다음 대목을 소개했다.

"우리나라에는 종교가 국민의 도의심을 키운 측면이 있다. 신을 모시는 신사에서는 특별한 교의가 없었지만 전통적으로 아는, 우주를 지배하는 자연의 힘에 경외의 마음을 가짐으로써 이 사회에서 불손한 행동을 스스로 삼가도록 도의심을 길렀다. 하지만 전쟁 후 국가신도를 배격한 연합국 총사령부에서 굳이 교육에서 모든 종교를 멀리했기 때문에 도덕까지 경시되었다. 교육기본법 제9조 '종교교육'의 규정으로는 아무래도 부족하다."

또 이 대신은 1999년 7월에 출범한 자민당 교육개혁 실시본부 교육기본법 연구회 그룹의 주관자가 되었을 때 "헤세 교육칙어를 염두에 두고 의논하고 싶다"라고 발언했다고 한다. 다카하시는 국민에게 '경외심'을 갖게 하려는 정치적 의도는 국가 비판이나 사회

3) 국가신도国家神道란 메이지 유신 이후 국가가 앞장서서 정책적으로 만든 종교로 일본의 조상신인 아마테라스 오오미카미를 신봉하고, 그 직계자손인 천황을 신으로 숭배한다. 1945년 이전 일본의 제국주의와 깊은 관련이 있다.-옮긴이.

비판을 불손한 행동으로 여겨 삼가게 하는 것이라고 지적했다.

그렇다고는 하지만 아이들이 '자연에 대한 경외심'을 갖는 것이 좋은 일이 아니냐고 하는 의견도 있을 것이다. 이 의견은 교육기본법 '개정'을 반대하는 사람들 사이에서도 가끔 듣는 것이다. 그것 자체는 정말로 맞는 말이고 나 자신도 그렇게 생각한다. 하지만 《마음의 노트》의 배후 세력이 생각하는 '경외심'이나 '종교적 감정'은 일반적인 것도 아니며 자연을 소중히 여기고 환경파괴를 용서하지 않는 사상과도 관련이 없다는 사실만은 분명하다. 《마음의 노트》에 자연에 대한 찬양은 많이 등장하지만 자연보호라는 문맥은 전혀 나오지 않는다. '우리나라의 자연'을 둘러싼 말들은 아사에다가 지적했듯이 국가신도적인 장치와 관련이 있는 것이다.

아사에다가 앞서 서술한 논문에 다와라 요시후미俵義文가 쓴 <고이즈미 제2차 개조 내각의 초강경파 대신들> 일람(2003)을 싣고 있는데, 거기에 적힌 57명의 각료 중 48명이 '신도정치연맹 국회의원 간담회'(신도의원연맹)의 회원이다. 다와라에 의하면 이 모임은 1970년에 설립되어 2000년 5월 시점에서 중의원과 참의원, 양원에서 228명의 의원이 소속되어 있다. 그 강령의 해설에는 "천황이 다스리는 세상의 광명과 영원을 기원한다. 이것이 일본인들이 계속 지녀온 제사 지낼 때의 마음이며 여기에 신도적인 일본국민의 양심적인 사회관이 있고, 국가관이 있다"라고 하며 이 취지에 찬동하고 그것을 국회·정치의 장에서 실현하기 위해 활동하고 있다. "일본은 천황을 중심으로 하는 신이 다스리는 나라임을 국민 여러분에게 확실히 승낙 받도록 하겠습니다"라고 발언하여 물의를 일으킨 모리 요시로 전 총리의 발언(2000년 5월 15일)도 이 '신도의원연맹' 결성 30주년 축하모임에서 한 말이었다. 모리 전총리만 부각되어 보도되었지만 다와라의 자료에 의하면 자민당의 중심 세력들은 같은 신념으로 정치활동을 하고 있음을 알 수 있다. 고이즈미 총리가 한국과 중국의 거센 항의를 무시하고 야스쿠니 신사참배를 해마다 거르지 않는 것도 이 '신앙'의 '포교' 목적 때문일 것이다. 덧붙여 말하자면 고이즈미 전 총리는 신도의원연맹의 전 부회장이었고, 아베 간사장은 현 사무국장이다(2003년 2월 20일 기준).

심리학자 가와이 하야오가 꼭 국가신도에 깊이 관여하고 있는 것은 아니지만 전에 모리 총리의 발언이 문제가 되었을 때 신문 취재에 응하며 "모리 총리가 말하고 싶은 부분에 대해서는 기본적으로 찬성하지만 표현방법이 좋지 않고 정부가 위에서 말해야 할 것이 아니다"라고 발언해 모리의 발언내용을 지지했다(<아사히 신문>, 2000년 5월 19일자).

이렇게 《마음의 노트》는 국가신도적인 종교교육을 포교하는 책으로 애국심 교육을 지지하는 분위기를 만드는 역할을 포함하고 있다는 사실을 알 필요가 있다. 이 무대의 배경이 언제 전면으로 밀고 나올지 알 수가 없다.

고향과 국가 사이

심리학의 문제에서 약간 벗어나지만 여기서는 애국심 함양의 논리와 관련된 문제점에 대해 말하고자 한다. 중학교용 114페이지에는 커다랗게 빨간 글씨로 "우리나라를 사랑하고, 그 발전을 기원한다"라고 쓰여 있다. 여기에 이어지는 문장은 다음과 같다. "우리나라는 사계절이 뚜렷한 자연이 있고 아름다운 풍토가 있다. 그 각각의 계절에는 우리의 마음을 울리는 경치가 있고, 소리가 있으며, 색깔이 있고, 바람이 있다. 고향을 사랑하는 마음을 키우면 그것은 일본을 사랑하는 마음과 연결된다. 우리가 사는 이 나라를 사랑하고 그 발전을 바라는 마음은 지극히 자연스러운 것이다(이하 생략)."

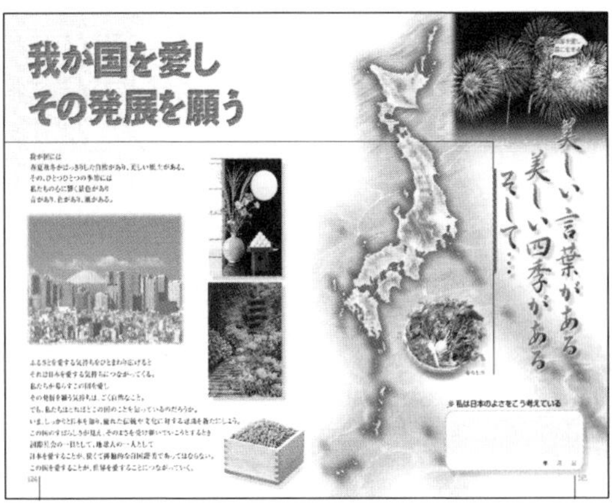

《마음의 노트》(중학교) pp.114~115

이 가운데 묵과할 수 없는 것은 "고향을 사랑하는 마음을 키우면 그것은 일본을 사랑하는 마음과 연결된다"라는 부분이다. 이 부분은 '애국심'을 갖는 것의 필요성을 설명하는 부분으로 만든 측에서는 특히 중요한 부분임에 틀림없다. 그러나 고향을 그대로 일본이라는 나라에 연결하는 것은 비약이 있고 속임수가 있다.

물론 우리는 태어나고 자란 땅에 애착을 갖는다. '고향 사투리'로 그리움을 기억하며 고향의 느낌에 익숙하다. 소꿉친구나 학교 동창생들에게 특별히 평온함을 느끼는 사람도 적지 않다. 꼭 후지산이 아니어도 고향에 있는 산의 경치에서 힘을 얻는다. 정든 땅을 떠나 살고 있어도 그곳에 돌아가면 기분이 진정된다. 그것들은 다름 아닌 오랜 시간이 가져온 익숙함 때문이다. 그러한 마음은 자연스러운 것이다. 하지만 그래서 그 당시 권력을 가진 국가를 사랑하는 일이 자연스럽다는 식으로 연결되지는 않는다. 사랑할 수 있을지의 여부는 국가의 상태에 달려 있고 고향을 사랑하는 것과는 차원이 다르다. 고향이나 가족에 대한 사랑은 그때의 정부로 대표되는 국가를 향한 사랑에는 직결되지 않는다.

구체적으로 말하면 "우리나라를 사랑하고, 그 발전을 기원한다"에서 '나라'는 '국가의 통치기구'를 말한다. 그것은 실제로 이번에도 가와이 하야오가 좌장을 맡은 <'21세기 일본의 구상' 간담회·보고서>(2000년 1월)의 다음 표명에서도 알 수 있다.

"잊지 말아야 할 첫 번째는 국가에게 교육이란 하나의 통치행위라는 것이다", "의무교육이라는 말이 성립된 지 오래됐지만 이 말의 다른 의미는 납세나 준법의 의무와 함께 국민이 일정한 인식 능력을 익히는 일이 국가에 대한 의무라는 것이다.

이 문맥에서는 주로 기초학력을 언급하고 있어서 애국심을 거론하는 것은 아니지만 교육이란 국가의 통치 행위라고 밝힌 점은 크게 주목할 필요가 있다.

《마음의 노트》에 있는 '우리나라를 사랑하고'의 '나라'가 국가 통치기구를 가리키는 것은 확실하다. 바로 정부를 말하는 것이다. 태어나서 자란 소중한 고향은 쉽게 변하지 않지만 권력기구인 국가는 상황 속에서 변한다. 따라서 여기서 말하는 "나라를 사랑하는 마음을 기른다"라는 말은 정부에게 고분고분한 마음을 기른다는 뜻으로 해석할 수 있다. 고향을 사랑하는 마음은 가만히 두어도 삶 속에서 저절로 자라지만 애국심 교육은 이런저런 수단을 총동원한 조작이 필요하다. 그렇기 때문에 이 정도로 소리 높여 외치는 것이다.

"제도는 하루에 변하지만 의식을 바꾸는 데는 백 년이 걸린다"라는 말이 있다. 교육기본법이나 헌법 등의 법률을 바꾸는 전망을 세운다고 정부・자민당은 생각하고 있을지 모른다. 하지만 동시에 '애국심'이라고 불리는 의식을 아이들에게 심어주는 데는 시간이 걸린다고도 생각하고 있을 것이다. 《마음의 노트》라는 책을 예고 없이 제작 배포한 일은 법 '개정' 의도의 선행작업일 뿐이다.

국가도덕과 심리주의의 공통성

앞서 적었던 '임상심리사'의 학교상담사 독점 문제나 대학원 지정제 문제 등은 국가·문부과학성을 '마음의 전문가' 분야가 조작한 사실을 보여준다. 하지만 일방적인 조작관계는 있을 수 없다. 동시에 가와이와 그 집단은 국가·문부과학성에 큰 '빚'을 졌다고 할 수 있다. 한편 능력주의·엘리트 육성주의의 교육을 밀고 나가려는 국가는 비엘리트 집단의 다양한 문제를 예방하는 역할을 학교상담사에게 기대하며 상부상조해 나아갔다.

애국심 함양을 학교교육의 목적에 두려는 정치세력은 '헤세平成판 국정수신 교과서'의 제작을 계획했다. 그 계획이 구체화되었을 때 저명한 심리학자를 동원해서 독자층을 끌어들일 '효과적'인 기법을 도입한 교재를 만들고 싶다고 가와이에게 의뢰했다고 생각해도 무리한 추측은 아닐 것이다. 또 가와이도 문부성과 이제까지의 과정에서 의뢰에 응한 것도 있을 법한 일이다. 문부과학성과 심리학업계는 이렇게 점차 동반자 관계가 되어갔을 것이다. 도덕과 심리주의에 공통인 것은 '마음가짐·마음의 상태'라는 말이다.

《마음의 노트》를 제작할 때 가와이는 적어도 기법적 측면에서는 크게 관계했을 테지만, 내용적 측면에서는 어느 정도까지 주도적인 입장을 취했는지 확실하지 않다. 하지만 적어도 가와이가 도덕교육에 적극적이라는 사실은 분명하다. 스스로 고향인 교토에서 '교토시 교육진흥 시민회의'의 좌장을 맡아 《마음의 노트》가 배부된 직후인 2002년 여름에 '도덕교육 1만 명 시민 설문조사'를 실시하는 등의 활동을 한 것에서도 알 수 있다.

가네코 다카히로金子降弘의 《가와이 하야오의 '마음의 노트' 작성의도》(2003)에 따르면 가와이는 자민당 국가전략본부에서 다음과 같이 발언했다. "사실 저는 교토에서 교육진흥시민회의 좌장을 맡고 있고 문부과학성에서는 《마음의 노트》라는 것을 생각하고 있으나 이것을 만드는 쪽의 좌장이기도 합니다. 점차 새로운 개인주의를 지향하는 일본인들이 어떠한 도덕을 익혀야 할 것인가를 모두 함께 생각해보자고 하면 언론에서도 반대는 없을 거라고 생각합니다. 다만 이것을 극단적으로 '정부' 아니면 '총리대신'이라는 표현을 사용하면 반드시 반대가 있겠지만 잘하면 되지 않을까 싶습니다. 그런 것을 생각하는 것이 우리 학자들의 역할이라고 생각합니다."

체제에 봉사하면서도 자신과 학계의 힘을 강화하는 심리학자의 자세가 여기에 나타나 있다. 관학협력 구도이다. 하지만 이것은 가와이 개인에 한한 것이 아니다. 역사를 더듬어 보면 과거의 전쟁에서도 심리학자들은 그 기술을 국가에 제공함으로써 지위를 확보했다. 전시 사정을 몸소 체험한 심리학자 미나미 히로시南博는 파시즘 시대와 심리학의 관계를 인터뷰 중에 다음과 같이 말했다.

"파시즘 시대에는 심리학을 정책상에서 이용할 수 있었기 때문에 꽤 유용하지 않았습니까? 그도 그럴 것이 실제로 독일이 그랬잖습니까? 다만 심리학자가 전쟁의 책임을 모면할 수 있었던 것은 심리학의 기술주의 덕분이지요. 즉, 기술주의의 입장에서 보면 자신이 가진 기술을 파시스트가 쓰던 누가 사용하던 상관없기 때문입니다. 결국 기술주의라는 것은 표면적으로는 비정치적이지만 매우 정치적인 것이지요."(《교육심리학회의 사회사》, 1987)

심리학은 사상을 갖지 않는다는 말이 있다. 그것은 미나미가 지적하는 기술주의를 뜻한다. 하지만 나는 심리학이 확실한 사상을 갖고 있다고 생각한다. 그 사상은 어느 시대에도 "힘을 가진 자를 따르는 것이 선善"이다. 그것은 '상황적응이야말로 선'이라고 바꿔 말할 수 있다. 국가도덕도 심리학도 체제 유지를 달성하려는 공통 목표를 가지고 있다. 양자는 떼려야 뗄 수 없는 관계에서 역할을 수행한다. 다만 심리학은 항상 기술을 제공하면서 배후에 위치하고 때로는 곁에서 의도를 위장한다. 그리고 종종 자신의 정치성에 무자각하다. 국가라는 통치기구에게는 참으로 편리한 학문과 전문성인 것이다. 이 구조가 《마음의 노트》에는 전형적인 형태로 구현되어 있다.

2004년 3월 현재 애국심 교육을 담은 목적까지도 포함하여 교육기본법 '개정'이 의도되고 있다[4]. 1990년대 이후 요즘처럼 학교에 심리학이 들어온 적은 이제까지 없었다. 그것은 학교상담의 학교 진입으로 시작해서 '심리교육'의 강조를 거치고 '국정수신 교과서'

4) 교육기본법은 2006년 12월, 제1차 아베 내각하에서 더욱 국가주의적인 색채를 띠게 된다. 개정된 내용에는 "우리나라를 사랑하고, 그 발전을 기원한다" 등의 문장이 새로이 수록되어 국가를 위한 교육, 국가를 위한 아이라는 성격이 강화되었다. 2016년 현재, 제4차 아베 내각은 이제까지 학교 교과에서 반성적으로 제외했던 '도덕'을 교과화하는 것을 정하고, 그 구체화를 위해서 움직이고 있다.-옮긴이.

로서 《마음의 노트》에 이르렀다. 초등학교 1·2학년용 표지에 그려진 눈을 감고 공중에 떠 있는 아이들이 일망타진되어 어디론가 끌려가는 일이 결코 일어나지 않도록 우리 어른들의 고민과 공동행동이 필요한 시대가 왔다. 이러한 의미에서도 사회에서 심리주의 기능을 눈여겨보는 작업이 지금 더욱 절실하다.

제4장

예방적 심리학적 관점의 확산

나카지마 히로카즈

1 확산되는 예방적 심리학적 관점

예방적 관점, 조기발견의 관점

예방적 관점이 확산되고 있다. 위기에 빠진 사람을 빨리 찾아내어 '마음의 병'이나 '장애'를 가지기 전에 개입하려는 움직임이 최근 빨라지고 있다.

도치기 현 교육위원회 홈페이지에 올라온 '등교거부의 예방과 대응'이라는 문서(2004년 3월)를 보자. 여기에는 '등교거부 경향'을 발견하기 위한 체크리스트가 있는데 '급식을 남긴다, 말수가 적어지고 교사를 피한다, 학습의욕이 없어지고 학업성적이 떨어진다, 교사에게 뭔가 말하고 싶은 기색을 보인다' 등의 항목이 나열되어 있다. 이런 조짐이 보이는 즉시 대응해야 한다고 호소하고 있다.

이런 예방적 관점은 도치기 현뿐만 아니라 전국으로 확대되고 있다. 문부과학성도 예방적 대응의 중요성을 설명하며 징조·신호를 놓치지 않는 것이 중요하다고 소리 높여 주장한다.

학교 이외의 장소에서도 예방적 관점은 강해지고 있다. 대규모 재해나 사건이 일어날 때마다 '마음의 케어'를 한다며 심리사를 파견하는 것도 예방적 대응이다. 상담사는 외상 후 스트레스 장애를 겪는 사람을 위해 파견되는 것이 아니다. 어떤 일에 강한 충격을 받은 사람이 외상 후 스트레스 장애를 겪지 않도록 도움을 주려는 것이다.

한편 '적응하지 못하는 사람들'을 빨리 발견해서 조기에 대응하는 것도 강조하고 있다.

도치기 현 교육위원회는 학생이 결석한 지 이틀이 지나면 '등교거부'가 아닌지 확인하라고 한다. 만약 그럴 우려가 있다면 셋째 날에는 담임선생님이나 양호교사, 상담사 등으로 구성된 검토위원회를 열고, 대응을 검토하도록 지시하고 있다. '가능한 한 빨리'를 강조하는 것이다.

TV 광고에서도 우울증을 빨리 알아차려서 즉시 전문의를 찾으라고 재촉한다. 정말 어디에 가도 '조기발견・조기치료'의 목소리가 들린다. '어떤 일이라도 빨리 하는 것이 중요하다. 그렇지 않으면 상태가 악화되어버린다'면서 말이다.

그런데 도대체 왜 예방적 관점이 이렇게 확산되었을까? 정신과 의사나 임상심리사는 조기대응하지 않으면 '마음의 병'이 만성화되어 적응상태로 돌아오기 어렵게 되기 때문에 당연한 일이라고 할 것이다.

하지만 이유가 그뿐일까?

예방적 심리학의 흐름을 좇아가보면 예방적 관점이 확대된 배후에는 사회구조에 큰 변화가 있다고 생각하지 않을 수 없다. 사회의 변화와 함께 그곳에서 살아가는 사람들을 관리하는 방식이 크게 변화하고 있는 것은 아닐까? 그 사실과 예방적 관점의 강화는 밀접하게 연결되어 있다고 생각할 수밖에 없다.

그렇다고 해도 이런 예방적 관점, 조기발견의 관점에 문제는 없는 것일까? 조기발견이라는 것은 항상 문제의 경향이 없는지 어떤지를 감시당하는 것이고, 예방적으로 개입한다는 것은 '평범한' 사람이 '평범한' 상태에 있을 때에도 개입이 허용되는 그런 상황이다. 항상 감시받고 언제 개입당할지 모른다. 이틀 쉴 뿐인데 학교에서는 자기 때문에 회의가 열린다. 이런 자세·관점은 누구나 숨막힌다고 느낄 상황이 아닐까?

그렇게 하지 않으면 심각한 상태가 되고 말 것이라고 말할지도 모른다. 그러면 그 심각한 상태란 무엇을 의미할까? '등교거부'도 조기개입의 대상이 되었지만 등교를 거부하는 심각한 상황이란 학교를 쉴 뿐만 아니라 아예 그만둬버리는 것도 의미한다. 그런데 학교를 다니지 않게 되는 것이 그렇게 심각한 사태일까?

이 장에서는 이러한 의문에 다가가려고 한다.

마음의 신호를 놓치지 마라

2001년 오사카 교육대 부속 이케다 초등학교에서 불행한 일이 생겼다. 그 일이 일어난 직후, 문부과학성은 각 지역 교육위원회에게 안전관리를 위한 방책을 재점검하도록 지시를 내렸다. 이 지시에 의해 학교의 위기관리 매뉴얼이 갑자기 주목을 받게 되었다.

위기관리 매뉴얼이라고 하면 외부에서 들어오는 침입자에 대비하기 위한 것으로 생각하기 쉽지만, 위기관리는 안전관리 이외에 여러 가지 위기까지도 대상으로 하고 있다.

예를 들어 오카야마 현 교육위원회의 매뉴얼(2001)에는 자살이나 등교거부, 가출, 폭력행위, 전염병 발생이나 급식으로 인한 식중독, 교직원의 성희롱이나 체벌사건 등도 위기로 파악하여 몇 개의 사례를 들며 대책을 강구하고 있다.

'자살예고'의 사례로는 기말시험 3일 전에 이름을 알리지 않은 학생에게서 "살아 있어도 재미가 없어요. 공부하는 게 의미가 없어요. 죽고 싶어요"하는 전화가 걸려왔다는 내용이 나온다. 또한 등교를 거부하는 학생의 부모가 교육위원회에 "담임선생님은 연락도 가정방문도 전혀 하지 않습니다. 학교는 등교를 거부하는 아이에게 아무것도 안 해주나요?"라고 항의했다는 내용도 있다. 이러한 상황에서 학교는 어떻게 대응해야 하는가를 이 위기관리 매뉴얼은 매우 분명하게 설명하고 있다.

또한 자살예고나 부모의 항의를 받는 상황에 걸려들지 않는 것도 중요하다며 미연에 사고를 방지하는 대책의 중요사항도 제시하고 있다. 이를테면 평소에 학생의 발언이나 행동에 관심을 갖고 만약 어떤 신호를 보이면 담임선생님이나 친한 교사가 돈독한 관계를 통해 조기에 해결하는 것이 중요하며, 그렇게 하면 큰 문제나 위험에 빠질 일은 없다고 한다.

이러한 위기관리 매뉴얼의 기초가 된 보고서가 있다. 그것은 2001년 4월 문부과학성의 '소년의 문제행동 등에 관한 조사협력자 회의'가 낸 <마음과 행동의 네트워크－마음의 신호를 놓치지 마라, '정보제휴'에서 '행동연계'로>라는 제언이다. 이 보고서는 2000년에 일어난 일련의 사건을 계기로 제출되었다. 5월에는 17살 소년이 고속버스를 탈취하는 사건이 일어났고, 6월에는 고등학교 3학년 남학생이 하급생을 방망이로 때린 뒤 자신의 집에서 어머니를 때려서 죽인 사건이 발생했다. 이러한 일들이 언론에서 크게 다루어지면서 문부과학성은 문제행동에 대한 대책과 학교의 안전관리를 목적으로 이 협력자회의를 설치했다.

이 제언에서 강조하는 것은 두 가지이다. 하나는 '마음의 신호를 놓치지 마라'이고, 또 하나는 관계자가 긴밀한 '행동 네트워크'를 형성해서 대응해야 한다는 것이다.

요즘 신문이나 TV에서는 "평범한 아이가 갑자기 폭발한다"라는 말이 나온다. 사건을 일으킨 학생들은 주위 사람들의 눈으로 볼 때 '평범한 아이'가 많다. 그런데 그 아이가 갑자기 분별력 없는 행동을 하기 시작한다. 이러한 현상을 언론은 과장해서 보도했다. 협력자회의도 "'평범한 아이'의 '느닷없는' 비행이 눈에 띈다"라는 표현으로 이 현상에 주목하고 있다. 그럼 이런 '문제행동'에 어떤 식으로 대응하는 것이 좋을까? 협력자회의는 평범한 아이가 느닷없이 비행을 저지를 때는 징조가 있다고 지적하면서 "문제행동에 대응할 때는 학생의 '마음'의 신호를 놓치지 않고, 문제행동의 징조를 파악하는 것이 어느 때보다 중요하다"라고 말한다(마음과 행동의 네트워크, 2001). 신호를 발견하면 일찌감치 관계자가 긴밀한 협력관계를 형성하여 대응하는 것이 중요하다면서 말이다.

그러나 '평범한 아이'의 신호는 미세하다. '비행 청소년들'과 같이 눈에 띄는 징조, 단적으로 '두발이나 복장의 두드러진 특징, 난폭한 언동, 물건을 훔치는 행동 등의 초범 비행, 비행집단에의 가입' 등이 없다. 오히려 '마음의 문제'에 대한 이해를 갖고 다가가지 않으면 간과할 정도의 '작은 변화'이다. 최근 들어 '차분하지 않다', '감정 기복이 커졌다' 등의 놓치기 쉬운 변화인 것이다. 이를 혼자서 그것도 아무런 훈련도 받지 않은 초보자가 파악할 수는 없다. 이에, 협력자회의는 '여러 사람이 지켜보며 아이 행동의 징후를 파악할' 필요가 있다고 말한다. 그리고 파악한 징후는 교장이나 교직원 사이에서 공유하여 전체적인 대응을 해야 한다고 주장한다.

이처럼 문부성은 '마음의 신호를 놓치지 않는' 것이 예방적 대책으로 중요하다고 제언한다. 그것도 혼자 노력하는 것이 아니라 여러 다양한 관점에서 지켜보며 학생의 신호를 놓치지 않는 체제를 만들어갈 필요가 있다고 하면서. 문부성은 어떤 변화나 신호도 놓치지 않는 여러 감시의 눈을 요구하고 있다.

또한 이 작은 변화와 신호를 놓치지 않기 위해서는 마음의 이해가 필요하다는 점도 이 제언의 특징이다. 여태까지의 비행 청소년들이 나타내는 징조는 행동양식을 중시하는 것만으로도 파악할 수 있다. 하지만 '평범한 아이'에게 나타나는 '느닷없는 비행'의 징조는 '마음의 과정'을 이해하지 못하면 파악할 수 없다면서 말이다. 확실히 문부과학성은 심리주의적 관점에 의한 감시를 요구하고 있는 것이다.

예방과 성장을 재촉하는 상담과 학교

심리학적 · 예방적 관점의 확대는 이제 막 시작된 것이 아니다. 교육 분야에서는 1960년대에 이미 논의되기 시작했으며 1980년대에는 이 관점이 서서히 퍼져나갔다. 그리고 1990년대 초에는 문부성에서도 관심을 가지기 시작했다.

1990년에 나온 문부성 학생지도자료 제12집 《학교교육 상담의 사고방식 · 진행방식》에서는 여태까지 학교상담은 "적응문제나 심리문제 등을 갖고 있는 학생에 대한 대응이 중시되었지만 오늘날에는 치료적 측면에서 예방적 측면, 나아가서는 개발적 측면에 대한 역할의 중요성이 강조된다"라고 적혀 있다.

그동안 학교 안에서 상담이 해온 역할은 '부적응아' 등 특별한 아이에 대한 '치료'였다. 상담은 등교거부나 학교폭력 등 문제행동을 일으키는 특별한 학생을 안정시켜 적응하게 하기 위한 치료적인 기능을 맡았다. 하지만 만약 치료가 목적이라면 상담은 일부

학생인 '특별한 아이'에게만 해당된다. 그렇게 되면 상담이 학교 시스템 전체에서 커다란 위치를 차지하는 일은 없다. 사실 학교 안에 상담을 정착시키려는 시도는 과거에도 여러 차례 있었지만 정착되지 않아 큰 역할을 맡지 못했다.

이러한 상태에서 문부과학성은 상담이 학교 안에서 큰 위치를 차지하도록 역할전환을 해야 한다고 말한다. 상담의 대상을 모든 아이, 즉 평범한 아이에게도 확장하려는 것이다. 그러기 위해서는 치료가 아니라 '예방'이나 '성장촉진'의 목적으로 역할을 전환해야 한다. 사실 평범한 학생에게 치료는 필요 없다. 필요한 것은 개발, 즉 건전한 성장을 촉진하는 기능이나 예방, 즉 건전하지 않은 방향으로 가지 않게 하는 기능이다.

이렇게 보면 임상심리학이나 '마음의 케어'가 퍼지는 것을 다른 말로 하면 심리주의화의 진행과 예방적 관점이 확산되는 것이다. '마음의 케어'가 학생이나 시민에게 널리 퍼지기 위해서는 그 기능을 예방적인 것으로 바꿔야만 한다.

이렇게 학교 안의 상담은 모든 학생을 대상으로 예방과 성장촉진의 목적으로 중심을 옮겼다. 그리고 이제는 작은 신호도 놓치지 않는 예방적이고 조직적인 관점 쪽으로 기능을 강화하려고 한다.

노동자의 정신건강과 예방적 관점

노동의 장소에서도 예방적인 관점은 확산되고 있다.

후생노동성의 '노동자 건강상황 조사 개황'(2002)에 의하면 일이나 직장생활에 대해 "강한 불안, 고민, 스트레스가 있다"라고 응답한 노동자는 61.5%에 이른다. 구조조정이나 성과주의의 강화 속에 노동자의 스트레스가 높아지고 있다. 정신적 불안으로 휴직하는 사람도 많고 업무상 스트레스로 고민하다가 자살하는 사람도 증가하고 있다. 그런 상황 속에서 자살에 대한 산재보험 급여 청구가 늘어나고 손해배상 청구소송도 일어나고 있다.

2000년 3월에는 대형 광고회사인 덴쓰電通에서 발생한 과로자살 소송의 대법원 판결이 나왔다. 과로로 자살한 사원 오시마 이치로 씨의 부모님이 덴쓰에 손해배상을 청구한 소송이다. 두 번째 판결에서는 장시간 노동으로 인한 과로와 자살은 인과관계가 있다고 인정하면서도 "우울증에 걸리기 쉬운 성격의 소유자로 자살책임의 일부는 본인에게 있다"라고 했다. 하지만 대법원 판결은 죽음의 책임을 개인에게 전가하는 것은 허용되지 않는다며 기업의 책임을 엄중하게 묻고 "회사는 사원이 과로나 스트레스가 과도하게 쌓여 심신의 건강을 해치지 않도록 할 의무가 있다"라고 지적했다(<아사히신문>, 2000년 3월 25일자).

이 판결을 계기로 점진적이지만 기업들 가운데 정신건강 대책이 확산되었다. <아사히신문>이 2002년에 실시한 설문조사에 의하면 80%에 가까운 기업이 부하의 마음건강 관리를 위해 관리직

연수를 실시했다(<아사히신문>, 2003년 1월 14일자). 다만 이 조사는 대기업 100곳을 대상으로 한 것이라서 대책 내용도 연수를 중심으로 한 어설픈 것에 지나지 않는다. 이것만 보면 정신건강 대책이 산업계 전체로 퍼지고 있다고는 도저히 말할 수 없는 상황일 것이다. 그러나 대법원 판결을 계기로 기업에 정신건강 대책이 확산되고 있음은 확실했고, 또 위험관리 차원에서 들어오기 시작했다는 것도 사실이다.

후생노동성은 2000년 8월에 <사업장 노동자들의 마음건강 조성을 위한 지침>을 냈다. 이것은 정신건강 케어의 구체적인 실시 방법을 제시하지만, 위험관리라는 관점을 확실하게 밝힌 것이기도 하다.

이 지침의 기본이 되는 <노동 장소에서의 마음건강 조성 대책에 대해서>라는 보고서는 "마음의 건강문제로 작업효율이 저하되고, 장기휴업 등이 발생한 경우 노동력의 손실이 크다. 중요한 업무를 맡고 있는 노동자가 마음건강이 나빠져 작업능률이 현저히 저하되거나 장기 휴업이 발생한다면 기업활동 자체가 위험하다"라고 말하고 있다. 그리고 "마음건강 조성 대책은 기업의 생산성 향상 및 안전확보에 대한 위험관리로서도 추진하는 데 의의가 있다"고 본다.

생산성 향상이라는 목적에 '마음의 문제'로 오는 장기휴업이나 능률저하는 중대한 장애물이다. 또한 과로로 인한 손해배상 청구 등과 같은 위험도 피해야 한다. 생산성 향상·위험관리라는 관점에서도 정신건강 케어는 불가결한 것이 되었다.

위험을 최소화하여 기업의 조직운영을 안정화하고, 생산성을 향상시키기 위해 정신건강 대책을 세우는 것은 필연적으로 예방에 비중을 두게 된다. 게다가 노동자의 60퍼센트가 스트레스와 불안을 안고 있다면 이 스트레스가 '마음의 문제'로 발전하지 않도록 예방적으로 조기에 대응하는 대책이 필요하게 된다.

후생노동성 지침에 의하면 예방적 행위를 하는 것은 어디까지나 노동자 자신이다. 예방은 노동자 스스로 책임지고 실행하는 것이다.

후생노동성은 "마음의 건강 조성은 우선 노동자 자신이 스트레스나 마음의 건강을 이해하고 스스로 스트레스 예방, 경감, 혹은 이에 대처하는 자기관리를 적극적으로 실시하는 데에서 시작된다" 라고 한다(노동성 노동기준국, 2000).

'마음의 건강 조성'은 노동자 스스로 스트레스를 알아차리는 것이 출발점이다. 스스로 스트레스를 알아차리는 것이 주안점이며 알아차린 뒤에는 '스스로 스트레스를 적극적으로 예방하거나 경감하기' 위한 방법을 익혀 대처하는 능력을 높여나가야 한다. 그리고 이 능력을 높이기 위해서는 직장 안팎의 보건 담당자에게 부담 없이 상담하는 체제를 만들 필요가 있다. 동시에 알아차림에 필요한 지식이 보급되어야 하고, 그것을 위해 다양한 연수가 제공되어져야 한다.

요약하면 스트레스는 스스로 알아차려서 예방하고, 위험은 자기가 책임지고 관리하자는 것이다. 기업은 이를 위한 대비체제를 준비할 뿐이다. 그렇다고 자기책임으로 자유롭게 예방하자는 것은 아니다. 기업의 이익과 연결되는 이상 사고나 손실을 내서는 안 된다. 그러기 위해서는 회사 등이 준비하는 체크리스트를 기준으로 스스로 '마음의 건강'을 체크하고 예방해야 한다.

즉, 철저하게 '마음의 건강' 관리를 해야 할 의무를 져야 하는 것이다.

스기모토 오사무 군 사건

이제까지 살펴본 것처럼 예방적 관점은 모든 곳에 확산되고 있다. 또한 '마음의 신호를 놓치지 마라'고 하는 목소리도 퍼지고 있다. 그러면 이런 관점에는 어떤 문제점이 숨어 있을까? 여기서는 '마음의 신호'에 초점을 맞춰 간단히 생각해보겠다.

'마음의 신호를 놓치지 마라'는 목소리가 교육계에 확산된 것은 1980년대이다. 앞서 말했듯이 1990년대 초에 문부성은 학교상담에 예방적, 교육적 역할을 요구했고 1990년대 중반에는 상담사의 학교 도입을 결정했다. 이러한 정책결정과 관련해 임상심리전문가들도 1980년대에 문부성을 압박했고 각 지역의 교육위원회에 대해서도 다양하게 의견을 내놓았다.

그런 1980년대에 발생한 사건으로 잊을 수 없는 것이 스기모토 오사무 군 사건이다. 1985년 2월에 일어난 일이지만 '마음의 신호를 놓치지 마라'는 호소의 문제성을 생각하는 데 중요한 의미를 가진 사건이었다(오사무 군의 자살문제를 생각하는 모임 준비회, 1985).

이 사건은 요코하마 시내의 한 초등학교에서 발생했다. 당시에 5학년 학생은 복도의 개수대를 막히게 했고, 그것을 나무라는 교사에게 "스기모토 군이 학교를 파괴하자고 해서요"라고 고자질했다. 이 때문에 스기모토 군은 담임선생님에게 불려나와 반 아이들 앞에서 야단을 맞았다. 스기모토 군은 "학교를 파괴하자"라는 말을 하지 않았고 '파산'할 것이라는 생각을 말했다고 답했다. 그리고 개수대를 못 쓰게 만들라고 지시하지 않았다고 설명했지만, 선생님은 듣지도 않고 15분 동안은 엄하게 질책했다. "학교를 파멸시키겠다는 생각을 하는 아이에게 미래 따윈 없어. 잘해야 정신병원에나 갈 거야"라는 말을 들은 다음, 방과 후에 반성문을 썼다.

스기모토 군은 4시간이 지난 뒤 '무제'라는 글을 담임선생님의 책상에 두고 귀가했다. 거기에는 다음과 같은 내용이 적혀 있었다.

"학교가 파산된다. (중략) 학교는 사람이 만든 것이니까 사람에게 필요한 것이라고 생각할 것이다. 하지만 학교에 가면 행복해질까. 학교는 한 단계씩 위에 있는 학교로 가지 않으면 안 된다. 최고의 회사에 가서 사장이 되면 어떻다는 것인가. 그저 나이만 먹을 뿐이다. 능력도 떨어지고, 회사를 자유자재로 움직여서 뭐가 재미있다는 것인가. 돈을 많이 가지고 있어 봐야 한가할 뿐이다. 예전에는 학교가 없었다. 그때는 사람들이 자유롭게 살 수 있었다. 진보 때문이다. 학교가 없으면 진보하지 않는다. 돈도 필요 없다. 이 정도에서 진보를 멈추는 게 좋을 것 같다. 더 이상 가도 방법이 없으니까(후략)."

스키모토 군은 이 글을 제출한 뒤 집으로 가는 길에 인근 주택에서 뛰어내려 사망했다.

이에 요코하마 시 교육위원회는 정신과 의사와 심리학자 등으로 구성된 사고연구반을 조직하고 그해 12월에 보고서를 공표했다.

보고서는 스기모토 군이 이미 자살을 준비하고 있었다고 분석했다. "선생님에게 아무리 심한 말을 들었다고 해도 그것만으로 죽음에 이를 수는 없다, 스기모토 군은 자살을 준비하고 있었기 때문에 죽음을 택했다"라는 것이다. 자살을 준비하고 있던 그는 주위 사람들에게 '도와 달라'는 SOS 신호를 보냈지만 부모도, 교사도 그걸 알아채지 못했다고 보고서는 설명했다.

사고연구반은 스기모토 군의 '학교가 파산한다'라는 의견도 SOS 신호 중의 하나로 보았다.

사고연구반은 "담임선생님이 열심히 지도하려 하면 할수록 스기모토 군은 자기나름의 생각을 갖고 담임선생님을 대했다. 이것은 어떤 의미에서는 '어리광'이고, 스기모토 군 나름의 '도와 달라'고 호소하는 서투른 자기표현이었다"라고 했다. 따라서 스기모토 군이 지적으로는 '어른'과 같은 발언을 하더라도 감정적으로는 '아이'라고 보고, '어리광부리고 싶다'라는 마음을 이해해줘야 했다고 연구반은 말했다. 하지만 담임선생님은 그렇게 대응하지 못했고, SOS 신호를 받아들이지 못했다.

이런 시점에서 사고연구반은 "아동·학생을 지도할 때 현상적인 면에 관심을 갖는 것도 중요하지만 아동·학생의 내면에 관심을 갖고 지도해야 하며 이를 위해 일상적으로 상담하는 마음을 넉넉하게 해야 한다"라는 의견을 내놓았다.

'신호를 놓치지 마라'의 문제성

그럼 '마음의 신호'라는 관점에는 어떤 문제가 잠재되어 있을까?

우선 신호를 받아들인다는 것은 상황과는 다른 별개의 사정에 주목함을 의미한다. 스기모토 군의 '학교가 파산한다'라는 언동을 그대로 받아들이는 것이 아니라 그 뒤에 있는 사정, 즉 '도와 달라'고 하는 고뇌로 관심을 돌리자는 것이다. '어른'과 같은 의사표현이 아니라 그 이면에 있는 '아이'의 감정에 주목하자는 것이다. 결국 스기모토 군의 문제제기 · 의견은 표면적인 것으로 경시되고 만다.

반대로 주목받는 것은 마음의 과정이다. 마음의 움직임이 크게 클로즈업된다.

게다가 신호는 어떤 조짐이나 징조를 의미한다. 스기모토 군의 경우는 자살로 향하는 징조이며 또 문부과학성이 말하는 '평범한 아이'의 '느닷없는' 행동은 '비행'을 일으키기 전의 조짐이다. 여기서 학생 · 아동의 언동은 장래의 '문제행동'을 판독하는 요소가 된다. 지금은 '평범'하지만 '문제행동'으로 연결되는 신호를 놓치면 안 된다. 선생님에 대한 항의나 무언가를 고민하는 모습은 '자살'이나 '비행'으로 연결되는 단순한 징조로 받아들여진다. 즉, 신호라는 관점에서는 '학교가 파산한다'고 말한 의견은 내용으로서 제대로 받아들여지지 않는다. 그것은 마음의 변화를 나타내는 것일 뿐이며 어떤 '문제행동'을 암시하는 조짐이나 신호로밖에 보이지 않는다.

그렇다고 해서 학생의 의견을 긍정적으로 받아들이자는 것은 아니다. 즉 스기모토 군의 '학교가 파산한다'라는 사고방식을 긍정하자는 것이 아니다. 다만 학생이 제기하는 문제를 긍정하든 부정하든 제대로 받아들일 필요가 있다고 말하고 싶은 것이다. 학교에 대한 문제제기는 '마음의 문제'와 비교해서 표면적인 것으로 치부해버릴 수 없다. 문제를 받아들이지 않고 '마음의 신호'를 보려고 하는 자세는 문제를 호소하는 사람에게는 '속임수'로 밖엔 보이지 않는다.

나는 열린 공간이나 대학 검정고시 학원에서 학교에 가지 않는 사람들과 만난다. 상담을 받아본 사람도 많지만 최근에는 상담에 강한 의문을 느끼고 있는 사람들과 만나는 경우가 많다. 이 의문의 근저에는 '내 의견을 제대로 받아들여주지 않는다', '속았다'라는 느낌이 있다.

그들은 학교나 교사에 대한 의문, 공부하는 것에 대한 의문, 그리고 앞으로 어떻게 사는 것이 좋을까에 대한 문제 등을 상담사에게 들고 갔다. 하지만 상담사가 진지하게 생각해주는 것 같지 않았다고 했다. 들어주기는 했지만 자신의 의견이나 문제제기에는 관심이 없어 보였다고 했다. 어째서 교사에게 의문을 느끼게 되었는지, 부모와 심적으로 엇갈림은 없었는지 등, 마음의 변화에만 관심이 있는 것 같다면서, 자신의 의견을 말해도 "당신의 마음이 괴로운 상태라서 그런 생각을 하는 거예요"라는 답변을 들었고, 이럴 때 정말 '속았다'라는 느낌을 받았다고 했다. "내가 통째로 부정되는 느낌이 들었어요"라고 말하는 사람도 적지 않다. 이런 대응은 '마음의 병에 걸려서 그런 생각을 하게 된 것이다'라는 말투와 마찬가지로 현재의 생각이나 느낌을 부정하는 것이 된다.

'신호를 놓치지 마라'는 태도도 이와 같다. 이 태도는 학생·아동이 가진 의견을 표면적으로만 받아들이고, 마음상태가 달라지면 잊힐 거라며 대수롭지 않게 여긴다.

물론 학생·아동이 지금 호소하고 있는 의견·문제에만 눈길을 돌리자는 것이 아니다. 사람은 여러 문제를 복합적으로 안고 산다. 마음의 변화도 물론 있다. 하지만 그렇다고 해서 지금 호소하고 있는 문제·의견은 표면적인 것에 불과하다고 잘라버릴 수는 없다.

2 치료에서 예방으로 -예방적 관점의 심리학

제3의 정신의학 혁명과 예방적 관점

예방적 관점의 심리학은 어떻게 생겨나서 퍼져나간 것일까?

19세기 후반에는 이미 예방적 관점의 정신의학이 존재하고 있었다. 그러나 현재와 같은 예방정신의학이 등장한 것은 1960년대 미국에서이다(카스텔Castel, 1981). 1963년 케네디 대통령은 <정신병 및 정신박약에 관한 특별교서>를 제출했다. 이것은 미국의 정신의료를 정신병원 중심에서 지역 케어 중심으로 비중을 옮긴다는 내용이었다. 이 교서 이후 여러 문제로 지적받았던 정신병원의 침대 수는 대폭 줄었고 새로 창설된 지역정신위생센터를 중심으로 지역정신의료가 각 지역에 확산되었다. 이러한 움직임을 '제3의 정신의학 혁명'이라고 한다.

제1의 혁명은 필리프 피넬Philippe Pinel이 18세기 말 프랑스에서 수용소에 갇혀 있던 '정신병자'를 석방하고 '환자'는 인도주의적으로 배려해야 한다고 주장한 혁명이다. 제2의 혁명은 19세기 말 프로이트가 정신분석을 창설한 것을 가리킨다. 그리고 제3의 혁명은 병원에서 지역으로의 변화를 의미한다. 무엇보다도 제3의 혁명이 무엇을 의미하는가는 입장에 따라 다르고, 지역 케어의 확대를 목표로 한다는 것은 이 흐름을 구성하는 커뮤니티 심리학 사람들의 말이지만 말이다.

이 지역·커뮤니티를 중시하는 운동에서는 예방이라는 관점이 중시되었다. 케네디의 정신의료정책에 큰 영향을 미친 캐플런Gerald Caplan은 1964년에 《예방정신의학》이라는 책을 출간했다. 캐플런은 이 책이 지역·커뮤니티 운동의 지침서가 되었지만 종합적 지역케어를 내용으로 하는 이상, 예방에 최우선권을 주는 것이 불가결하다고 말했다. 정신병원의 장기입원을 피하기 위해서라도 예방적 관점이 필요하다고 하면서 말이다. 캐플런의 영향으로 예방적 관점은 정신의학이나 심리학에 큰 위치를 차지하게 되었다. 지역케어라는 흐름과 예방적 관점이 대등하게 전개되고 있는 것이다.

또한 임상심리학이 '특별한 사람'을 대상으로 '치료'하는 것에 대한 재검토가 이루어졌다. 만약 임상심리가 의사와 마찬가지로 '병이 있는 사람'에 대한 '치료' 역할만 감당한다면 병원 밖에서 '평범한 사람'의 일상에는 관여할 수 없다. 임상심리학이 지역에서 활동하고, 건강한 사람들과 접촉해 나가기 위해서는 '치료'에서 벗어나야 하지 않느냐는 의견도 있어서 예방을 목적으로 하는 심리학이 확산되는 것이다.

예방적 심리학의 도입

이렇듯 지역·커뮤니티를 중시한 심리학, 예방을 중시하는 심리학이 일본에 들어온 것은 1970년대이다. 제1회 커뮤니티 심리학 심포지엄이 열린 것은 1975년이었다(야마모토 가즈오山本和郞, 1986). 이후 커뮤니티모델 심리학은 다양한 곳으로 퍼져나갔다. 이미 말한 것처럼 교육 분야에서는 1980년대에 퍼져나가기 시작해 1990년대에 도입된 학교상담사 제도에서는 중심적인 위치를 차지했다. 그 결과 문부성은 학교상담에서 치료보다는 예방·성장촉진을 목적으로 해야 한다는 입장을 취하게 되었다.

커뮤니티 심리학의 리더 중 한 사람인 야마모토 가즈오는 이제까지의 심리학은 의학을 모델로 해왔다고 비판했다. 의학은 진료실이라는 닫힌 공간에서 병에 걸린 환자를 진찰하고 원인을 탐색해 치료한다. 심리치료사 또한 상담실이라는 닫힌 공간에서 내담자의 '마음의 병'의 원인을 탐색하고 치료한다. 하지만 이렇게 해서는 지역 커뮤니티라는 넓은 공간으로 나갈 수 없다. 이런 치료법은 개방적인 공간에서는 도움이 되지 않는다. 또한 '치료'에 얽매여서는 '건강'한 사람과 관련된 일은 할 수 없고, 건강한 사람의 건전한 부분을 늘려가는 역할을 맡을 수도 없다. 그래서 야마모토는 심리학이 의학모델에서 떠날 것을 제창하고 건전한 부분의 성장을 촉진해나가는 성장촉진모델로 옮겨가야 한다고 주장했다.

또한 치료보다는 예방을 중시해야 한다고도 말했다. 등교를 거부하는 아이를 하나하나 대응하는 것보다도 '등교거부'가 생기지 않는 학교 커뮤니티를 만드는 것과 같은 예방적 노력이 중요하고, 마음에 병이 있는 사람을 치료하는 것보다도 위기에 있는 사람이 '정신 · 정서장애'에 빠지지 않도록 예방적 대응을 하는 것이 중요하다면서 말이다.

성장촉진과 예방은 표리관계에 있다. 사람의 건전한 부분 · 플러스 측면을 늘리고 발달시키는 것이 성장촉진이고, 불건전한 부분 · 마이너스 측면을 억제하는 것이 예방이다. 따라서 성장시킨다는 것은 플러스 측면의 확대로 마이너스 측면을 억눌러버리는 것이 되어 예방적 의미도 갖게 된다.

이처럼 1990년대 이후 성장촉진 · 예방모델의 심리학이 중시된 부분도 있어 학교 안팎에서 예방적 관점이 강해지고 '등교거부'의 조기발견 · 조기대응을 위한 체크리스트 등도 만들어졌다.

이런 성장촉진 · 예방모델의 심리학이 확산되는 사실은 두 가지 의미를 갖는다.

첫 번째로 임상심리학은 '평범한 사람'을 대상으로 하게 되었다는 사실이다. 모든 학생 · 사람을 대상으로 하는 기법으로 중심을 옮겼음을 의미한다.

두 번째로 임상심리학이 보다 적극적인 역할을 맡으려 한다는 것을 의미한다. 이 사회에 따라가지 못하고 부적응에 빠진 사람을 케어한다는 소극적인 역할이 아니라 모든 학생・사람의 '인격 혹은 정신을 보다 바람직한 방법으로 밀고나가도록 지도'하는 적극적인 역할을 맡는다는 것이다(문부성, 1990). 야마모토는 "성장촉진모델의 개입은 단순히 심리적인 고민을 경감하기보다는 오히려 사회적 능력을 강화하는 것에 그 목표를 둔다"라고 말했다(야마모토 가즈오, 1986).

예방이란, 위기란 무슨 말인가?

그렇다면 심리학은 예방을 어떻게 생각할까?

커뮤니티모델 심리학에서는 예방을 세 단계로 나누어 생각한다. 제1차 예방, 제2차 예방, 그리고 제3차 예방이다. 제1차 예방은 문제가 생기지 않도록 예방하는 활동을 의미한다. 즉 '장애'가 발생하지 않도록 하는 노력을 제1차 예방이라고 한다. 제2차 예방은 '문제'가 일어났을 경우 조기대응하여 '병세'가 악화되어 만성화되지 않게 하는 작업을 말한다. '병'에 걸려 있는 시간의 단축을 목표로 하는 것이다. 그리고 제3차 예방은 '장애'가 있는 사람이 사회・경제적 불이익을 당하거나 그 이상의 마이너스를 짊어지지 않도록 하려는 노력을 의미한다. 커뮤니티 심리학은 이 중에서 제1차 예방과 제2차 예방에 역점을 둔다(야마모토 가즈오, 1986).

이 예방 방법 중의 하나로 위기개입이 있다. 위기개입이란 '위기상태에 빠져 정서적 균형이 깨진 사람에게 적어도 이전과 같은 균형을 회복시키는 것을 목적'으로 한 것으로, 그 사람이 '장애'에 이르지 않도록 돕는 것을 의미한다. 직접 고민하고 있는 사람에게 개입해서 지지해주기도 하지만, 부모나 담임선생님 등 주위 사람들에게 개입해서 지원하기도 한다. 또한 문제를 발생시키는 커뮤니티 시스템 자체에 대해 개입하기도 한다.

그럼 위기란 무엇을 의미할까? 캐플런의 《예방정신의학》에 따르면 다음과 같다.

사람은 어떤 문제에 직면했을 때 지금까지 익혀 왔던 해결방법을 사용하여 어떻게든 문제를 해결하려고 한다. 하지만 그래도 극복하지 못할 경우 혼란에 빠지면서 정서적인 균형이 허물어진다. 이를테면 둘도 없이 소중한 사람을 잃거나 병에 걸리거나 사고를 당했을 때 사람들이 이런 상황에 빠진다. 이러한 상태를 '위기'라고 부른다.

그러나 위기가 '병을' 의미하지는 않는다. 누구라도 빠질 수 있는 상태이며 '장애', '병'으로 불리는 상태를 가리키는 것은 아니다. 위기는 기회이기도 하다. 위기를 극복함으로써 변화하고 성장할 수 있다. 캐플런은 "그 변화가 건강이나 성숙이 증대하는 방향으로 가는 경우에는 그 위기는 기회이다. 그 변화가 인생의 문제를 효과적으로 처리하는 능력을 감소시키는 방향으로 가는 경우에는 그 위기는 유해한 사건이다"하고 설명했다(캐플런, 1964).

위기는 사람을 성장시키는 기회이기도 하지만 반대로 퇴행적, 비현실적'이기도 하다. 그래서 '사회적으로 받아들여질 수 없는 어려운 처리방법'을 택해 '신경증적 혹은 정신병적 상태'로 이끌어가는 계기도 된다. 캐플런은 "위기는 정신장애로 진행되든지 아니면 그것에서 멀어지는 하나의 전기가 되는 것이다"라고 말했다.

이처럼 위기는 누구에게나 일어날 수 있는 상태를 말한다. 그러나 예방적 관점은 이 위기가 사람을 '장애'로 이끌 것인지 멀어지게 할 것인지, 아니면 성장하게 할 것인지 퇴행하게 할 것인지 가만히 주시하고 있다. 그리고 위기에 개입한다는 것은 '정신장애'에서 멀어지도록, 성장의 방향으로 변화하도록 이끄는 것을 의미한다.

그러므로 '치료보다도 예방을'이라는 흐름이 치료에 대한 관점이 약해지는 것을 의미하지는 않는다. 오히려 치료에 대한 시각이 '평범한' 사람들에게도 확대되는 것을 의미한다. 치료에 붙어 있는 '건강'인지 '병'인지를 식별하는 시선이 '병으로 가는' 것인지 아니면 '건전하게 성장하는' 것인지를 말하는 시선이 되어 '평범한' 사람들에게 확산되어가는 것이다.

위기개입의 문제점

그렇다면 이러한 위기를 파악하는 방법에는 어떤 문제가 있는 것일까? 내 경험을 토대로 생각해보고자 한다.

나는 6년간 근무하던 고등학교를 그만두었다. 벌써 20년도 지난 일이지만 교사로서 한계를 느꼈고 더 이상 계속해서는 안 된다고 생각했다. 학생들과는 즐거웠고 특별히 어려운 상황에 처한 것도 아니었다. 단지 여태까지의 방식을 계속해서는 안 된다는 마음이

쭉 있었다. 그 당시 부각되었던 '등교거부' 문제와 연관된 것도 있었고, 교사라는 존재를 다른 형태로 인식하기 시작했던 것일지도 모르겠다.

얼마 지나지 않아 위가 더부룩해지고 무기력감도 생기는 등 신체에도 영향이 나타나기 시작하면서 교사생활을 그만두었다. 다른 직업에 대한 전망이 있었던 것도 아니었고 갑자기 그만두어서 매우 불안했다. 맞벌이였기 때문에 한동안은 아무것도 하지 않고도 살 수 있었고 아내도 이해해주었다. 하지만 장래에 대한 불안과 내가 지금까지 해온 것을 어떻게 인식해서 되돌리면 좋을까라는 문제에 직면하여 한동안은 정신적으로 힘들었다(나카지마 히로카즈中島浩籌, 1986).

이 시기는 그야말로 위기였다. 이 위기 속에서 나를 다양하게 생각하고 여러 사람과 논의하거나 다른 사람들이 내 이야기를 들어주기도 했다. 이런 과정에서 생각하고 느낀 것이 그 뒤의 삶의 방식에 큰 영향을 미친 것도 사실이다. 하지만 그 해결의 방향이 건전한 방향이었는지 불건전한 것이었는지, 아니면 그것을 계기로 성장한 것이었는지 아니었는지 누군가 묻는다면 모르겠다고 할 수밖에 없다. 해결의 방향은 성장인가 아닌가 하는 이분법적인 대립으로 파악할 수 있는 그런 것이 아니다. 교육을 어떻게 생각할 것인가, 학교 밖에서 교육에 관련된다는 것은 어떤 것인가, 또 산다는 것은 어떤 것인가 등의 질문과 관련된 것이어서 '마음의 건강'에 향하고 있는지 아닌지 하는 틀·문제 안에서 받아들일 수는 없다. 학교를 그만둔다는 해결책이 '부적응'이나 '장애'에 연결되는 길인지 아니면 성장에 연결되는 방향인지 판단하는 것은 가능하지도 않고 그럴 문제가 아닌 것이다.

당시 내 이야기를 들어주고 논의해준 친구들의 대부분은 예방적 관점을 갖지 않았다. 하지만 그중에는 이러한 관점이 느껴지는 사람도 있었다. 그 사람에게는 내가 안고 있는 문제를 진지하게 보여주고 싶지 않았다. 내가 생각하고 있는 것도 건강한 방향일까 평가하는 시각에서 보는 것 같다는 기분이 들었기 때문이다.

대체로 건강하다, 건강하지 않다고 보는 시각은 그 자체가 위험하다. 동성애자들도 최근까지 불건전한 카테고리에 들어 있었다. 미국의 《정신질환 진단 및 통계편람Diagnostic and Statistical Manual of Mental Disorders, DSM》에서는 '성적 일탈'로 받아들여져 불건전하게 보았다. 그 항목은 1973년에 제외되었고 일본의 정신신경학회도 1990년대에 들어 재검토를 시작했다(이나바 마사키稲葉雅紀, 1994).

'등교거부'는 지금도 건전하지 않은 것으로 여겨진다. 문부과학성은 1992년에서야 '병'이라는 견해를 취하했다. 그때까지 '등교거부'는 특별한 아이의 성격 때문이라고 여겨 '마음의 병'으로 받아들여졌는데, 어떤 아이에게도 일어날 수 있다는 인식으로 전환된 것이다(문부성, 1997).

그렇지만 여전히 문부성은 '등교거부'를 '문제상태'로 보고 있다. 학교에 갈 수 없거나 가지 않는 행위·상태는 성장으로 이어지지 않는다고 보는 것이다.

하지만 내가 만난 등교를 거부한 다수의 사람들은 건전하지 않거나 건강하지 않은 것과 먼 이미지였다. 학교에 가지 않는 것일 뿐 그 외에는 지극히 평범하게 생활하고 있었다. 도대체 무엇으로 '문제상태'라고 보는 것일까? 어떤 부분을 보고 건전하지 않다고 하는 것일까? 이러한 문제제기 · 비판은 1980년대부터 있었고, 현재도 거듭 논의되고 있다.

이처럼 '건강하다, 건강하지 않다'라는 의견은 확실한 내용이 있는 것이 아니다. 오히려 문제가 많은 구별법이다.

성장으로 향하든 향하지 않든, '장애'에 가까워지든 그렇지 않든 그런 관점으로 사물을 보는 일 자체가 이상하다. 위기에 있는 사람들은 다양한 문제에 직면해서 문제해결을 다양한 형태로 모색하고 있다. 그것을 건전한 방향인지 아닌지로 파악하는 것 자체가 불가능하다.

3 통제사회와 예방적 관점

감금에서 지역관리 · 통제로

그럼 왜 예방적 관점의 심리학이 퍼지는 것일까?

첫째로 심리학을 요구한 측의 문제가 있다. 상담사나 심리학적 지식을 요구하는 사람들의 상황문제이다. 게다가 예방적 · 성장촉진적 심리학을 퍼지게 하려는 전문가의 사정도 있다. 이 두 가지 모두 중요한 과제이지만 여기에서는 그 배후에 있는 사회변화의 문제에 대해 생각해보려고 한다. 특히 그 사회변화에 동반된 관리기술의 변화와의 관계에서 말이다.

이미 기술한 것처럼 예방적 관점의 심리학은 지역케어의 진전과 함께 탄생한다. 미국에서 이 심리학이 확립된 것은 정신병원에 장기 입원하고 있는 '정신장애인'을 줄이고, 지역정신의료 시스템으로 비중을 옮기는 운동에 의해서였다.

이렇게 보면 예방적 관점의 확대 요인으로는 우선 병원이라는 크고 닫힌 공간이 한계에 이르렀다는 점이다. 장시간에 걸친 입원과 비인간적인 취급이 고발되면서 정신병원 중심의 정신의료가 문제시되었다. 그러면서 병원 밖으로 '마음의 케어'가 나와 '평범한' 사람들과 만난다. 정신병원의 침대 수를 줄이기 위한 예방과 동시에 '평범한' 사람과 만나는 것으로 예방이나 성장촉진을 목표로 할 수밖에 없게 된 것이다. 닫힌 공간 속에서 '특별'한 사람을 대응하는 방법에서 열린 공간 속에서 '평범한' 사람을 대응하는 것으로 이행했다. 그 과정에서 예방과 성장촉진이 클로즈업되었다. '병'이라는 라벨이 붙여져 어느 공간에 격리된 사람들에 대한 '치료'에서 열린 공간에 있는 '평범한' 사람들이 '병'에 이르지 않도록 하는 '예방'으로 비중이 옮겨진 것이다.

그러나 이 '예방'이라는 관점이 감시·관리의 관점임을 잊어서는 안 된다. '평범한' 아이의 '느닷없는' 비행을 예방하기 위해서 학생·아동이 보이는 약간의 신호도 놓치지 않겠다고 하는 철저한 감시의 관점인 것이다. 이렇게 보면 병원치료에서 지역·커뮤니티의 예방이라는 흐름은 닫힌 공간에서의 감시·관리에서 열린 공간에서의 감시·관리로의 이행이라고도 할 수 있다.

규율사회에서 통제사회로

프랑스의 사상가 질 들뢰즈Gilles Deleuze는 이 닫힌 공간의 관리에서 개방공간으로의 관리로 향한 이행을 규율사회에서 통제사회로의 이행이라고 설명했다.

유럽에서는 18세기부터 20세기 전반에 걸쳐 공장, 병원, 학교, 교도소와 같은 닫힌 공간이 큰 역할을 맡고 있었다. 일본에서도 1960년대 즈음까지는 이 폐쇄 공간이 중대한 기능을 맡고 있었다. 공장에서는 많은 근로자가 벨트 컨베이어 옆에서 일했고, 학교에서는 40명 전후의 학생이 한 반에서 반나절을 보냈다. 그리고 병원에서는 몇 십 명, 몇 백 명의 환자가 닫힌 공간 안에서 생활했다. 정신병원에서는 몇 년 동안이나 한 공간에서 살아가는 사람도 많았다. 이 안에서 항상 직장상사나 교사, 병원 스태프에게 감시받고 훈련을 받았다. 학교나 공장에 지각하지 않고, 시간을 지키며, 윗사람의 말에 따르고, 근면하게 행동했다. 그러한 습관, 규율을 철저히 주입하는 것이다. 이러한 규율=훈련화의 기술, 권력의 방식을 미셸 푸코Michel Foucault는 《감옥의 탄생》에서 매우 분명하게 분석했다(푸코, 1975).

그러나 이러한 규율사회는 쇠퇴하고 있다. 공장에서는 로봇을 가동하고, 많은 노동자가 한자리에 모여 회의하고 일할 필요성도 줄어들고 있다. 또 직장과 직장이 인터넷으로 연결되어 집에서 일하는 형태도 늘고 있다. 노동자는 크고 닫힌 공간에 있지 않고 분산되어 이동하고 있는 것이다. 그리고 교육도 평생학습이 제창되어 학교가 아닌 곳에서도 배울 수 있는 시스템의 확립이 요구되고 있다. 같은 시기에 정신의료 역시 병원에서 지역으로 전개하려고 한다.

요컨대 크고 폐쇄적인 공간의 필요성이 약화되고 있다. 이와 함께 사람들을 관리하는 방법도 변화한다. 크고 폐쇄적인 공간에서 규율=훈련을 목표로 한 관리보다도 열린 공간에서 분산·이동하는 개개인의 관리가 요구되는 것이다.

이러한 변화를 향해서 들뢰즈는 규율사회에서 통제사회로의 이동이라고 표현했다. "규율사회는 대규모 감금 환경을 조직한다. 개인은 닫힌 환경에서 다른 닫힌 환경으로 이동을 반복한다"(들뢰즈, 1990). 즉, 규율사회에서 사람은 학교에서 공장으로, 그리고 때로는 병원으로, 닫힌 공간으로 이동을 반복하면서 인생을 보낸다. 그러나 현재는 상황이 변하고 있다. 사람이 항상 닫힌 환경 속에 있는 것이 아니라 개방적인 공간에서 일하고, 배우며, 치료를 받는 기회가 많아졌다. 그래서 환경변화에 따른 완전히 새로운 관리기술이 요구되고 있다. 분산하고 이동하는 개개인을 통제하기 위해서는 '쉴 틈 없는 관리'가 필요하게 된 것이다. 그런 사회를 들뢰즈는 통제사회라고 불렀다.

요즘 GPS(전 지구 위치파악 시스템)의 위치확인 시스템을 이용한 다양한 관리가 확산되고 있다. 택시에 이 시스템을 탑재함으로써 회사는 전체 차량의 위치를 즉시 확인할 수 있게 되었다. 휴식을 취하며 장시간 같은 곳에 머무는 차량은 즉시 파악된다. 한 인재 파견 회사는 GPS 휴대전화를 사용하여 기업에 파견된 외근담당 사원을 관리하는 서비스를 시작했다(<아사히신문> 나고야 판, 2002년 6월 13일자). 이것에 의해 실제로 일을 하는지 어떤지가 엄격하게 파악된다. 고령자나 아이에게도 GPS 휴대전화나 간이 휴대전화에 의한 위치확인 서비스가 확산되고 있다. 경찰도 역시 GPS나 디지털 지도를 이용해서 범인을 쫓고 있다(오모다 소노에重田園江, 2003). 실로 분산하고 이동하는 개인들에 대한 '쉴 틈 없는 관리'의 방법이 구비되고 있는 것이다.

예방적 관점의 심리학은 '쉴 틈 없는 관리'를 행함으로써 기능한다. 병원이라는 갇힌 공간이 아닌 지역이라는 개방적 환경에 분산된 개개인은 교사, 부모, 심리학자, 의사, 복지담당자 등의 네트워크를 통해 철저히 감시받는다. 이것이야말로 통제사회 궁극의 관리기술이라고 할 수 있다(시부야 노조미渋谷望, 2003).

사람을 변화시키는 기술과 쉴 틈 없는 감시

그럼 관리 기술로서 예방적·성장촉진적 심리학은 어떻게 기능하고 어떤 문제를 일으키는 것일까?

들뢰즈는 규율사회의 관리는 감금이며 틀에 박힌 것이지만 통제사회의 관리는 음악에서 '조바꿈' 같은 것이라고 말한다. 규율사회에서는 어느 공간에 사람을 장시간 가두어 '감금'한 상태에서 규율=훈련을 행한다. 예를 들어 초등·중학교에서는 몇 년간이나 같은 공간에 가두어 사회에 나가서도 통용되는 습관·규율을 몸에 익히게 한다. 거푸집처럼 한번 습관·규율이라는 형식을 집어넣으면 평생 사회에서 해낼 수 있다고 하면서 말이다.

반면 통제사회에서 공부는 평생 계속된다. 평생학습 시스템에서는 항상 새로운 지식을 얻고 새로운 기술·습관을 익히지 않으면 안 된다. 사회에 나가서도 같은 기업에 평생 근무하는 그런 시대가 아니다. 다음 직장, 새로운 직종에 적응하기 위해 습관, 정체성을 변화시키지 않으면 안 된다. 자신의 몸과 마음의 상태를 조바꿈하지 않으면 안 되는 것이다.

예방적·성장촉진적 심리학은 이 같은 조바꿈 기술로 기능한다. 병원이라는 공간에 격리된 사람들을 '치료'하기 위함이 아니라 지역에서 위기에 빠진 사람들을 성장의 방향으로 변화시킨다. 회사를 그만두거나 일을 하면서 벽에 부딪쳐 위기에 처한 사람을 '장애'에서 멀어지게 하여 다음 일을 향해 성장할 수 있는 방향으로 이끄는 것이다. 후생노동성도 기업도 위험관리라는 생산성 향상의 시각에서 예방적 관점의 임상심리학에 기대한다. 또한 문부과학성도 바람직한 인격을 만들고 사회적 능력을 강화하여 살아가는 힘을 높이는 적극적인 역할을 이 심리학에 기대하고 있다.

예방적 관점의 심리학은 격렬하게 변화하는 사회 속에서 스스로 변화하여 적응해나갈 수 있도록 정보를 주고 체크리스트를 작성한다. 그리고 위기에 빠진 사람에게 조기에 개입할 수 있도록 쉴 틈 없이 감시한다. 약간의 변화, 사소한 신호도 놓치지 않으려고 감시하는 기술로서 기능하게 된다.

다만 임상심리학·상담이 적극적인 역할을 다하고 사회적 능력을 높이는 효과가 실제로 있는가 하는 부분에 대해서는 의문이 든다. 이미 말했듯이 상담을 받은 뒤에 오히려 상담이 싫어졌다는 사람들을 몇 번 만난 것을 생각해보면 그다지 적극적인 역할을 다했다고는 생각되지 않는다.

그러나 만약 역할을 다하지 못한다고 해도 마음의 신호를 놓치지 않는 감시 네트워크는 구축될지 모른다. 그리고 사소한 것이라도 개입의 위험성은 커질 것이다. 뚜렷한 이유 없이 이틀간 학교를 쉰 학생에게는 상담사나 담임선생님의 움직임이 성장이나 예방의 효과를 줄 수는 없을 것이다. 하지만 도치기 현의 예처럼 셋째 날에는 회의가 열리고 감시망이 구축되면서 숨 막히는 관리가 확대될 것임은 틀림없다.

예방적 관점은 추상적 요소를 문제 삼는다

프랑스의 예방정신의학 문제에 대해 날카롭게 분석한 사상가 로베르 카스텔Robert Castel은 감시 대상이 구체적인 개인이 아니라 추상적 요소가 되고 있음을 지적했다(카스텔, 1991). 예방적 관점의 대상은 특정 개인이라기보다는 개인 안의 작은 요소이다. 감시의 시선은 유전자나 신체의 어떤 특징, 가정 내의 요인 또는 어떤 신호이지만 특정 개인 전체를 겨냥하는 것은 아니다. 물론 그 신호를 보인 사람 및 주위 사람에게 개입할지 모르고, 상황에 따라서는 전문기관에 맡겨질지도 모르기 때문에 개인은 영향을 받게 된다. 그러나 예방적 관점이 일단 문제 삼는 것은 어디까지나 신호의 발견이며 '특별한 개인'의 선별이 아니다. 어느 개인에게서 여러 신호가 발견되고, 그 사람이 강한 스트레스를 안고 있어서 장래에 어떤 위험을 일으킬 가능성을 지니고 있을 경우 그 후의 위험에 어떻게 대처해나갈지는 기본적으로는 그 사람 개인의 책임이 된다. 어디까지나 예방적 관점이 감시하는 것은 신호·요소이다.

또한 마음의 신호는 추상적이어서 현실적·구체적 의미를 갖지 않는다. 도치기 현의 체크리스트에 있듯이 '급식을 남긴다, 말수가 적어지고 교사를 피한다, 학습의욕이 없어지고 학업성적이 떨어진다, 교사에게 무언가를 말하고 싶어 하는 기색이 보인다' 등의 신호는 그 자체가 구체적·현실적인 문제를 일으키는 것은 아니다. 그 일로 주위 사람이 곤란하게 되는 것도 아니고, 구체적인 문제를 일으키는 것도 아니다. 장래 어떤 위험으로 이어질지도 모른다는 개연적이고 추상적인 요소에 지나지 않는다.

그러나 구체적·현실적 문제를 일으키지 않았다고는 해도 장차 무언가를 일으킬 가능성이 있다는 이유로 개인은 마음의 전문가에게 개입당할지도 모른다. '평범한 아이'의 '느닷없는' 비행에 대해 설명했듯이 최근 들어 초조해한다거나 감정기복이 커진다면 '마음의 전문가'나 담임선생님 등이 개입할지도 모른다. 이것은 어느 누구라도 개입을 당할 가능성이 무한히 확대되고 있다는 사실을 의미한다.

게다가 이 개입이 효과가 있었는지 어떤지에 대한 확실한 검증도 없다. 만약에 상담사가 이 개입은 장래에 도움을 주고 문제를 일으킬 가능성을 방지하는 데 성공했다고 말해도 그것은 확률적인 문제일 뿐이다. 통계적으로 유효성을 나타냈다고 해도 확실하지 않다. 만약 '등교거부'가 예방적 대책으로 몇 퍼센트 줄었다고 해도 학교 이외의 상황변화 등 많은 다른 요소가 복잡하게 얽혀 있어 효과를 확인할 수 없다.

원래 급작스럽고 추상적인 예측에 근거한 기술이 유효한지 어떤지는 구체적으로 논의될 수 없을 것이다. 그러나 그럼에도 불구하고 개입은 구체적 · 현실적으로 행해진다.

내담자와 함께 있음에서 간접적인 관계로

카스텔은 예방정신의학에서 지금까지 중심을 차지했던 직접적인 관계는 중요성을 잃어가고 있다고 지적했다(카스텔, 1981, 1992). 정신의학 치료에서는 환자와 '함께 있음'의 원칙이었다. 즉 의사와 환자가 함께 같은 장소에 있으면서 대면하는 것이 중요했다. 그러나 치료가 목적이 아닌 이상 환자와 직접적인 관계를 유지할 필요는 없어진다. 의사는 컨설턴트가 되면 되는 것이다. 위기에 빠진 사람과 직접적인 관계를 갖는 사람은 교사이고, 복지에 관련된 사람이며, 회사의 상사이고, 부모나 친구이다. 그 사람들에게 의사는 조언을 하면 되는 것이다.

예방 · 성장촉진모델 심리학도 직접적인 관계보다 간접적인 관계로 비중을 옮기는 중이다. 상담사가 위기에 있는 사람과 직접 상담하기보다는 이미 관계가 있는 사람, 예를 들어 담임선생님에게 컨설팅을 하는 게 좋다는 것이다. 이미 어느 정도의 신뢰관계를 유지하고 있는 사람을 제치고 상담사가 개입하는 것보다는 그

관계를 소중히 하는 것이 좋은 효과를 낼 수 있다는 것이다. 학교에서는 상담사에게 상담하는 교사가 많아 그러한 상담이나 회의에 많은 시간을 내야 한다는 논의도 있다.

여기서 상담사와 학생의 관계는 간접적이다. 상담사는 교사를 매개로 학생을 대한다. 예방·성장촉진모델의 상담이 전체 학생을 대상으로 하고 있는 이상, 상담사가 모든 학생과 직접 관련될 수는 없다. 교사나 양호교사를 통해 관계를 맺을 수밖에 없는 것이다.

그리고 교사는 '마음의 전문가'의 조언에 의지하려는 경향이 있다. "상담사가 하는 말이 조금 이상한데"라고 하면서도 '전문가'가 말하는 것을 따르는 게 무난할 것이라고 판단하고 행동한다. 이렇게 되면 해당 학생을 만난 적도 없는 '마음의 전문가'가 학생의 '마음'을 간접적으로 통제하는 이상한 사태가 확산될지 모른다.

다만 직접적인 관계가 완전히 희박해졌는가 하면 그렇지도 않다. 실제로 학교상담사는 여전히 학생 상담에서 직접적인 관계를 유지하고 있고 다른 영역에서도 상담사는 직접적인 관계를 유지하고 있다.

현실적 · 구체적인 문제에서의 도피

지금까지 들뢰즈나 카스텔을 참고로 해서 예방적 심리학적 관점의 특징을 설명했다. 그러면 이런 관점의 확산은 어떠한 사태를 생기게 하는 것일까? 이미 몇 가지를 서술했지만 여기서는 한

가지로 압축해서 생각해보고 싶다. 그것은 구체적인 문제에 다가서는 자세가 희박해지고 있다는 문제점이다.

이 관점의 확산이나 전문가를 포함한 네트워크의 확대 속에서 학생과 번거로운 관계를 피하고 싶어 하는 교사가 늘고 있다는 사실이다. 이해하기 어려운 학생은 상담사에게 맡겨버리고 싶어 하는 교사도 많아지고 있다. 자신이 쌓아온 경험의 틀에서는 이해할 수 없는 학생이 나타났을 때, 교사는 고민하고 괴로워하며 그 한 명의 학생에게 많은 시간을 할애한다. 그런 상황에서 학생을 상대해줄 '전문가'가 나타난다면 그쪽에 학생을 맡기고 싶다고 생각한다. 물론 상담사에게 학생을 맡긴다고 해도 학생과의 구체적이고 직접적인 관계는 사라지지 않는다. 담임선생님이라면 한층 더 그럴 것이다. 하지만 그렇다고 해도 이것저것 고민하는 일은 멈추고 상담사의 조언에 순순히 따르며 학생과의 '문제'를 생각하지 않으려고 하는 사람들이 늘고 있는 것이다.

커뮤니티 심리학에서는 상담사가 위에서 일방적으로 조언하는 것은 피해야 하며 교사의 주체성을 존중해야 한다고 말할 것이다. 하지만 번거로운 일에 쫓기는 현재 학교상황 속에서 교사는 오히려 알아듣기 쉬운 조언을 받고 싶어 하는 것이다.

선생님에게 교우관계나 인생의 고민을 상담했을 때 "상담사 선생님에게 물어보면 어떻겠니?"라는 말을 들었다는 학생들을 몇 번이나 만난 적이 있다. 사실 그런 뉘앙스의 이야기를 들었다는 사람이 적지 않다. 부모에게까지 그런 말을 들었다는 사람도 있다. 진로 고민을 토로했을 때 "정신과 의사나 상담사에게 상담해봐"라는 말을 듣고 말았다고 한다. 귀찮은 일은 누군가에게 맡겨버리고 구체적인 문제를 함께 생각하는 관계에서 도망치고 싶어 하는 사람이 많다. 전문가가 들어간 네트워크가 확산되면 타인에게 문제를 맡기고 도망치려는 경향이 늘어날 것임에 틀림없다. 또한 체크리스트 몇몇 항목에 해당되는 학생이 나타나면 생각할 여지도 없이 전문가의 조언에 따라 문제를 해결하려는 교사도 증가할 것이다.

그럼 학생을 맡게 된 상담사는 학생의 구체적인 문제제기를 받아줄 것인가? 안타깝게도 그렇게 하지는 않을 것이다. 스기모토 오사무 군 사건에서 말했듯이 상담사는 학생의 문제제기보다도 마음의 변화에 관심을 가지고 있다. 학교에 대한 문제제기도 마음의 신호로 보려고 하는 것이다. 현실의 의견·문제보다도 장래의 위험에 신경 쓰고 있기 때문에 "내 의견을 들어주지 않는다", "나는 부정되고 있는 것 같다"라고 느끼는 학생이 나온다.

이처럼 예방적 관점에서는 직접적이든 간접적이든 구체적인 문제를 생각하는 관계는 희박해진다. 일어날지 어떨지 알지도 못하는 장래의 위험을 보는 관점에서 이 문제는 다르게 대체되어가는 것이다.

감시와 격리의 네트워크

지금까지 예방적 관점의 확산에 대해 말했는데, 그렇다고 해서 치료적 상담·심리요법이 줄어들고 있다고 말하려는 것은 아니다.

치료에 대한 관점은 전과 다름없이 강하다. 또한 개방된 환경에서의 관리에 대해서도 이야기했지만, 폐쇄공간에 감금·격리하는 일이 없어지고 있는 것도 아니다.

오사카 이케다 초등학교 사건 이후 '정신장애인'은 위험하다는 편견이 강해지면서 '재범 우려'라는 불확실한 판단에 따라 정신병원에 격리하자는 움직임이 변함없이 크다. 2003년에는 '심신心神상실자 의료관찰법'이 성립되어 중대한 범죄를 저지르고 책임능력이 없다고 판단된 사람이 무기한 병원에 감금될 가능성도 높아지고 있다.

학교에서도 의료기관과의 연계가 강화되고 있어 조기발견된 학생이 다양한 전문가와 연계 네트워크에서 조기에 학교 밖의 기관에 맡겨지는 시스템도 갖추어지고 있다. 일종의 '장애'를 가진 사람을 조기에 발견하여 조기에 선별한다. 그리고 경우에 따라서는 배제·감금하여 치료를 받는 흐름이 순조롭게 행해지도록 하는 것이다.

그렇게 보면 치료에서 예방으로, 감금에서 통제로 이행하는 것을 기술이 싹 교체되는 이미지로 생각하면 안 된다. 교체가 아니라 이 두 기술이 결합되는 것으로 생각해야 한다. 양자가 서로 겹쳐진 네트워크에 둘러쳐져 있듯이 되어 있다고 인식해야 한다. 이 감금과 통제가 합쳐진 네트워크 아래에서 우리는 항상 감시받는다. 어떤 신호가 있지 않을까 주시당하고 조기발견·조기대응되는 것이다.

제5장

성장촉진의 관점과 자기실현

나카지마 히로카즈

1 심리학과 자기실현의 확대

자기실현의 유행

자기실현이라는 말이 넘쳐나고 있다. 취업활동도 '자기실현을 위해 해야 한다'라고 말하게 되었고 자원봉사 활동도 '자기실현을 위해'라고 하는 사람들이 많아졌다. 자기실현 휴가제도를 마련한 회사도 있다.

국가의 행정부서에서도 이 단어를 많이 쓴다. 총리부, 후생노동성, 그리고 문부성도 정책목표 설명으로 자기실현이라는 말을 당연한 것처럼 사용한다.

문부성의 중앙교육심의회는 교육기본법 '개정'에서 '자기실현'이라는 문구를 기본법에 추가해야 할 필요성이 있다고 제언했다. 새로운 시대에 걸맞은 인재를 육성하기 위해서는 "평생 동안 배우고, 능력을 높이며, 자기실현을 목표로 하는 의욕, 태도, 정신을 육성하는 것이 중요하다"라고 말했다(문부성, 2003). 바야흐로 자기실현은 일본의 행정 시책의 키워드가 되고 있는 것이다.

한편 이 말에 고통받는 사람들도 있다.

나는 대학이나 대안학교에서 십대 후반부터 삼십대인 사람들과 대화할 기회가 많다. 이 연령대는 취직이라는 문제에 직면해 있기 때문에 이전보다 '일한다'라는 문제로 고민하는 사람이 많아진 것 같다. 1990년대 이후 채용시험에서는 본인의 의욕, 적성 등을 보다 강하게 요구하고 있다. 이 때문에 대학에서는 3학년 혹은 2학년 때부터 자신이 가고 싶은 직종, 하고 싶은 일을 찾기 위해 다양한 강습을 실시하고 있다. 자기실현을 위한 취업이라는 관점에서 학생들의 취직활동을 지원하는 것이다. 이를 위해 동시에 자기분석 등도 하고 있다. 그 결과 당사자인 학생은 취업부담에 자기탐색까지 더해져 이것저것 생각하느라 혼란스러워서 괴로워하는 사람이 많아지고 있다.

등교를 거부한 많은 사람들도 이 말에 괴로워하고 있다. 문부성이 학교 복귀와 더불어 자기실현도 지도목표로 하면서 학생들은 학교를 그만두고 나서도 자기실현을 강요당하고 있다. 부모나 주위 사람들에게서 "학교를 그만뒀으니 너의 길을 찾아. 집에서 늘어져 있지 말고 목표를 향해 살아"라는 말을 듣는다. 중·고등학교를 다니면서 자신의 길을 생각하고 있는 사람은 많지 않지만, 학교를 다니지 않으면 바로 자신의 길을 택하라고 강요받는다. 하지만 이러한 선택은 그리 간단히 정할 수 있는 것이 아니다. 학교에 다닐지 말지 하는 선택을 하자마자 이 난제에 직면해 고민하고 괴로워하는 사람이 적지 않을 것이다.

무라카미 류村上龍의 《13세의 헬로워크》(2003)에는 이런 말이 있다.

"나는 이 세상에 두 종류의 사람·어른밖에 없다고 생각합니다. 그것은 '뛰어난 사람과 평범한 사람'도 아니고 '돈 많은 사람과 가난한 사람'도 아니며, '나쁜 사람과 좋은 사람'도 아니며 '영리한 사람과 어리석은 사람'도 아닙니다. 두 종류의 사람·어른이란 자신이 좋아하는 일, 자신의 적성에 맞는 일에서 생활의 양식을 얻고 있는 사람과 그렇지 않은 사람을 말합니다."

무라카미 류는 좋아하는 일을 하고 있지 않는 사람을 비판한 것이 아니다. 하지만 이런 식으로 이분화하면 좋아하는 일을 하고 있지 않은 사람은 불행한 사람으로 여겨진다. 사실 이렇게 보는 사람이 늘고 있고, 특히 부모는 자신의 아이가 좋아하지 않는 일을 하지 않기를 강하게 바란다. 이런 이분화에 기초를 두는 바람에 학교에 가지 않는 사람들은 더욱 강하게 자기실현을 요구받는다. 결국 이 바람을 받아들여야 하는 측은 상당히 부담스러워지는 것이다.

그럼 '자기실현'이란 어떤 것을 의미할까? 원래 임상심리학 용어였던 이 말이 지금은 왜 이런 식으로 쓰이는 것일까? 그리고 이 용어가 많이 쓰이게 됨에 따라 어떤 문제가 생겨날까? 이 장에서는 이에 대해 생각해보려고 한다.

산업계에 확산되는 매슬로우의 자기실현 개념

'자기실현'이라는 말을 키워드로 사용하기 시작한 사람은 미국의 심리학자 에이브러햄 매슬로우Abraham H. Maslow이다. 매슬로우는 신경의학자인 골드스타인Joseph Leonard Goldstein이 사용하던 이 말을 심리학적 개념으로 고정시켰다. 매슬로우에 의하면 자기실현이란 말은 '그 사람이 잠재적으로 가지고 있는 것을 실현하려는 경향'을 가리키고 '이 경향은 보다 더 자기 자신으로 있으려고 하며, 자신이 될 수 있는 모든 것이 되려고 하는 소망'을 의미한다(매슬로우, 1954). 즉 자기실현이란 사람이 가지고 있는 숨은 가능성을 펼치고 잠재적인 자신을 실현하려고 하는 경향·소망을 말한다.

이제까지의 심리치료는 인간의 마이너스적인 면에 초점을 맞춰왔던 것에 반해 매슬로우는 플러스적인 면에 주목했다. 예를 들어 프로이트는 주로 '신경증'이 있는 사람들을 치료하여 고통을 가져온 마음의 과정을 분석하고, 부정적인 '병리적 측면'에 초점을 맞추며 정신분석이라는 학문을 구축한다. 반면에 매슬로우는 인간의 플러스적인 측면에 착안하여 성장하는 과정에 초점을 맞춘다. 분석한 대상도 자기실현을 이룬 '건강한' 사람들이며 사회적으로 성공한 사람들이었다.

게다가 매슬로우는 인간을 변화하는 대상으로 파악하여 목적론적인 시각을 가져왔다(이시카와 유이치石川勇一, 1998). '병'에 걸린 사람들은 예전의 균형을 되찾으려 할 뿐만 아니라 어떤 목적을 향해 성장한다는 점에서 착안했다. 인간이 목적을 향해 전진하며 변화하는 과정을 갖고 있는 점에 주목한 것이다.

이렇게 하여 매슬로우는 '건강한 사람들'의 가능성을 실현하는 과정에 적극적으로 관여하기 시작했다. 인간의 능력을 개발하고 성과를 얻는 적극적인 역할을 임상심리학이 감당하기 시작한 것이다. 임상심리학적인 지식이 '건강'한 사람에게도 확산되는 경향, 바꾸어 말하면 사람들이 심리주의적인 경향으로 가는 하나의 역할을 매슬로우가 해냈다고 말할 수 있다.

하지만 능력을 개발한다는 관점은 인재 육성과도 관련이 있다. 능력주의적인 노동시장을 구축하려는 현재 상황에서 이 개념은 심리학을 산업계에 편입시키기 위한 알맞은 발판을 제공할 것이다.

일본의 상담에 무엇보다 큰 영향을 준 칼 로저스Carl Rogers가 이 자기실현의 개념을 많이 사용하기도 해서 자기실현이라는 말은 임상심리학의 세계에서 필수 용어가 되었다. 현재도 많은 상담사가 자기실현을 상담이 지향하는 목표로 생각하고 있다. 《심리임상가의 목표－사회적응과 자기실현》(우데나 도시오台利夫他 편, 1990)이라는 책 제목도 있듯이 자기실현은 상담의 중요한 목표 중 하나가 되고 있다.

자기실현의 개념은 1970년대 미국에서 지배문화에 대립하는 대항문화counter-culture로 퍼져나갔다. 이 때문에 처음에는 일본에서도 기성 시스템을 비판하는 시각으로 사용되었다.

그러나 한편에서는 일찍부터 산업노동의 세계에 퍼져나갔다.

1969년의 전미산업협의회의 조사에 의하면 미국의 기업경영자에게 영향을 끼친 이론가 중에 5위가 매슬로우였다(Gobel, 1970). 위의 네 명은 심리학자가 아닌 경영학자였다는 점을 생각하면 매슬로우의 심리학이 경영의 세계에 얼마나 퍼져 있었는지 알 수 있을 것이다.

매슬로우의 심리학은 "경영에서 인간의 심리학적 측면을 고려하는 것이 매우 중요하다"라는 흐름을 만들었다(우에다 요시카즈上田吉一, 1988). 매슬로우는 기업이 발전하기 위해서는 기업의 이해와 사원의 이해가 일치하는 것이 중요하고, 노동자가 일하는 의미를 발견해서 자기실현을 꾀할 때 기업의 목적도 달성할 수 있다고 했다. 이 관점은 동기부여 이론으로 경영학자들에게 영향을 주었다. 노동자에게 강제를 강요하는 경영방침이 아니라 노동자가 스스로 목표를 세우는 자기실현 욕구를 자극하여 동기부여를 할 필요가 있다고 하면서 말이다.

이런 식으로 매슬로우의 심리학은 산업계에 받아들여졌고 이제 매슬로우가 말한 자기실현은 산업노동적인 의미를 강화시켜 사회 전체에 넘쳐나게 되었다.

2 자기실현을 요구하는 사회

교육계와 자기실현

그렇다면 심리학적 용어였던 '자기실현'이라는 개념이 왜 이렇게까지 주목받게 된 것일까? 이 점에 대해서는 다양한 각도에서 생각할 필요가 있다. 다만 여기에서는 인재 육성 및 산업노동이라는 측면에 초점을 맞춰 생각해보려고 한다.

이미 말했듯이 요즘 교육계에서는 자기실현이라는 말이 자주 사용되고 있다. 자기실현은 여러 방면에서 다양한 의미로 사용되고 있다.

우선 심리학적으로는 다음과 같이 사용한다. '등교거부'를 더 이상 늘리지 않기 위해서는 학생의 자기실현을 돕는 교육을 해야 한다, 혹은 교육상담은 학생의 자기실현에 기여해야 한다 등이 그것이다.

이는 당연히 교육적 의미를 담고 있다. 많은 학생이 고민하고 있는 "왜 공부해야 하나?"라는 질문에 연결되는 것이다. 공부를 하는 이유는 자기실현을 위해서라고 말이다.

그다음은 인재 육성이라는 측면이 있다. 2000년에 제출된 오부치 총리의 자문기관 '21세기 일본의 구상' 간담회(좌장 가와이 하야오)의 보고에는 자기실현이라는 말이 춤을 추고 있다. 이 보고는 주3일제 학교로 사회의 이목을 모았지만 교육을 통치행위로서 교육과 자기실현을 위한 교육으로 나눈 것으로도 유명하다. 국가는 국민을 통치하고, 이해를 조정하며, 사회의 안녕을 도모해야 한다. 그것을 위해서는 국민에게 일정 한도의 공통지식과 사회인식을 갖게 해야 한다. 간담회에서는 '일면에서 교육은 경찰이나 사법기관 등에 허용된 권한을 준비하여 보완하는 기능'을 가져야 한다고 말한다. 이것이 통치행위로서 교육이다. 구체적으로는 기초학력이나 사회규칙을 익히는 의무교육을 가리킨다.

반면 자기실현을 위한 교육이란 국민 한 사람, 한 사람이 다양한 능력을 개발하고 다양한 삶의 방식을 실현하는 것을 지원하는 서비스로서 교육이다. 이 서비스를 충실하게 함으로써 유능한 인재가 자기실현을 이루면 국가의 이익과 연결된다고 말한다.

근대 일본의 교육은 공업화에 필요한 고도로 '균질한 인재'를 대량으로 공급하는 데 성공했다. 하지만 일본이 공업사회에서 포스트 공업사회로 변하면서 그것을 뒷받침하는 '선구적인 인재'가 자라고 있지 않다고 간담회는 설명했다. 여기서 말하는 선구적인 능력을 가진 인재란 '미지의 세계를 두려워하지 않는 모험심을 가지며 눈

앞의 이익을 넘어선 호기심이 있고 동시에 결과적으로 일어날지도 모르는 위험에 대해 스스로 책임을 지는 정신'을 가진 인재이다. 이러한 인재를 키우기 위해서는 '지나치게 균질화되고 제도화된' 교육 시스템은 한계에 이른 상태이다. 거기에서 다양한 개성을 키우는 자기실현의 교육을 충실하게 해야 한다는 것이다.

통치행위로서 교육에는 균질성이 필요하고 강한 권한도 가져야 한다. 반면 자기실현을 위한 교육은 다양성이 필요하며 학생의 의욕·동기를 존중해야 한다. 그러나 간담회에서는 지금까지 양자가 혼동되고 있었다고 본다. 자기실현의 부분에 대해서도 강제성을 띠었기 때문에 학생은 자기실현의 의욕을 잃기 십상이었다는 것이다. 따라서 이 둘을 떼어내어 통치행위로서 교육은 학교가 의무교육으로 실행하고, 자기실현을 위한 교육은 민간 서비스에 맡기자는 것이 간담회의 교육에 대한 제언이었다.

그러나 이후 상황이 변화하면서 두 개로 나뉜 이 제언은 실현되고 있지 않다. 하지만 중앙교육심의회의 교육기본법 '개정' 항목으로 자기실현을 들고 있는 것을 보면 자기실현은 여전히 문부성의 행정 키워드가 되고 있다는 사실을 알 수 있다.

중앙교육심의회는 자기실현의 필요성을 다음과 같이 설명했다.

"경쟁시대를 맞아 세계 발전과 문제해결에 과학기술의 진보를 활용하려면 미지의 것에 과감히 대처하고 새로운 것을 만들어가는 창조성의 함양이 중요하다."(중앙교육심의회, 2003)

이를 위해서는 특색 있는 자기능력을 최대한으로 늘리는 것이 중요하고, 한 사람 한 사람이 자기실현을 도모하는 것이 중요하며, 이것을 육성하는 교육 시스템이 필요하다고 말했다. 이것은 '21세기 일본의 구상' 간담회가 말하는 '선구적 인재' 육성이나 다양한 개성을 가진 인재 육성과 거의 같은 의미이다. 여기에서도 인재 육성이라는 관점에서 자기실현이 강조되고 있다.

교육 분야에서 자기실현이라는 말을 사용하는 것은 심리적 문맥, 인재 육성이라는 문맥과 함께 또 하나 평생학습이라는 문맥도 있다. 평생학습에서 이 말은 필수불가결한 것이지만, 이 점에 대해서는 뒤에서 간단히 언급하고자 한다.

자기실현으로서의 커리어 형성

지금까지 살펴봤던 것처럼 교육 분야에서 사용되는 자기실현이라는 말에는 여러 가지 의미가 담겨 있다. 그러나 이렇게까지 많이 사용하게 된 배경에는 새로운 사회를 위한 인재 육성의 의미가 있다는 사실을 잊어서는 안 된다.

이 인재 육성이나 직업을 말할 때 최근 갑자기 주목받고 있는 것이 커리어career라는 단어다. 그리고 자기실현도 커리어 형성과 관련해 언급되는 경우가 많아졌다.

그럼 커리어란 무엇을 의미하는 것일까? 후생노동성의 <커리어 형성을 지원하는 노동시장 정책연구회 보고서>(2002)에 의하면 커리어는 '직업경험으로 직업 능력을 축적하는 과정'을 의미한다. 여러 직업을 경험함으로써 직업 능력을 높여 다음 직업으로 연결하는 과정을 커리어라고 부르는 것이다. 이 커리어 형성과정을 개인의 측면에서 보면 '동기, 가치관, 능력을 스스로 물으면서 직업을 통해 자기실현을 도모하는 과정'이 된다. 요컨대 커리어 형성은 개인에게 자기실현의 과정이다.

예전의 종신 고용제도 안에서는 노동자가 한 기업에서 끝까지 일했다. 직업능력도 그 기업에서 형성되었고, 다른 직장으로 연결해갈 필요가 없었다. 그리고 자기실현도 그곳에서 도모할 수밖에 없었다. 하지만 지금은 글로벌화나 수요의 급격한 변화 속에서 대기업이라고 해도 파산할지도 모르고 언제 정리해고를 당해도 이상하지 않을 상황이다. 기업에 장래 직업생활의 안정을 맡길 수 없게 된 것이다.

또한 기술혁신의 급격한 진전으로 기업에 들어가서 교육훈련을 받고 직업인으로 성장하기란 어렵다. 컴퓨터 등의 기술 진전은 직장 선배가 가르칠 수 있는 범위를 넘어섰다.

이렇게 되면 조직에 맡기는 직업관이 바뀌지 않으면 안 된다. <커리어 형성을 지원하는 노동시장 정책연구회 보고서>는 개인이 주체적으로 커리어를 생각하지 않으면 안 된다고 분석했다.

경제계에서도 고도의 전문성을 가지고 "문제발견 · 해결 능력"이 탁월한 인재를 요구하고 있다. 또한 여러 분야에서 자신의 능력을 발휘하는 다양한 인재를 육성할 필요도 요구하고 있다. 이 때문에 후생노동성은 한 사람 한 사람이 다양한 커리어를 형성하고 다양한 개성과 다양한 능력을 자기실현할 수 있도록 시스템을 정비해야 한다고 판단하고 있다.

따라서 청년층에는 장래의 커리어 형성에 대해서 자신의 적성이나 잠재능력 및 동기, 그리고 장래의 직업을 접목시킬 교육 시스템을 구축할 필요가 있고, 장년층에게는 환경이나 기술의 변화에 대응할 수 있는 교육훈련의 장을 만들어나가야 한다고 후생노동성은 보고 있다. 그리고 이러한 커리어 형성・자기실현 과정을 지원하기 위한 것이 평생학습 시스템이다.

자기실현을 지원하는 평생학습 시스템

평생학습은 언제, 어디서나 배울 수 있는 학습 시스템을 말한다. 학교 밖에서도 학령기를 넘어서도 배움을 유지할 수 있는 시스템이다. 1965년에 유네스코가 제언하고, 일본에서는 1980년대에 임시교육심의회가 이 시스템의 이행을 선언하면서 문부과학성은 평생학습 정책국을 중심으로 평생학습 정비를 추진하고 있다. 게다가 중앙교육심의회는 교육기본법에 평생학습의 이념을 담도록 제언하고 있다.

평생학습은 말 그대로 평생에 걸쳐 학습하는 것을 지원하는 시스템이면서 문부성의 말을 빌리면 '밝고 즐겁게 배워서 사회 속에서 건강하게 자기실현을 도모하는 것'을 지원하는 시스템이다(평생학습심의회, 1999).

이 시스템은 원래 인재 육성이라는 정책적 측면이 강했지만 근래에는 커리어 개발에 활용되고 있다. 경제계나 후생노동성의 요청에 따라 평생학습 시스템도 기업이나 학교와 같은 조직의 직업 능력 형성뿐만 아니라 개인 주체의 커리어 발전을 위하는 측면이 강조되고 있다.

이에 따라 문부과학성은 학습성과를 다음의 커리어에 연결하기 위해 평생학습 여권이나 학습성과 제공·모집 뱅크를 구상하고 있다. 평생학습 여권이란 개개인의 학교 경력, 학교 이외의 학습활동 경력, 자격목록, 기능목록, 직업 경력, 자원봉사 경력, 지역활동 경력 등을 기록한 파일이다. 이것을 개개인이 가지고 입학시험이나 관공서·기업 채용 시 자료로 이용할 수 있게 하는 것이다.

또한 학습성과 제공 뱅크는 누가 어떤 학습성과를 쌓았는가를 기록한 것이며 학습성과 모집 뱅크는 행정·기업·민간단체 등이 받아들이고 싶은 학습성과와 사업내용을 등록한 것이다. 이 양자를 인터넷상에 준비하고 언제든지 검색·활용할 수 있도록 정비하겠다는 구상이다(평생학습심의회, 1999).

문부성은 이러한 다양한 구상을 실행에 옮겨 커리어 개발에 도움이 되는 평생학습 시스템을 준비하고 있다. 그리고 커리어 형성으로 자기실현을 지원하고 있다.

이렇게 보면 자기실현이라는 말의 다양한 배경에는 '능력을 전면으로' 꺼내어 능력을 '사고파는' 노동시장을 만드는 것으로 '능력이 보이는 사회'(후생노동성 노동정책심의회, 2002)를 만들어가려는 재계, 행정의 흐름이 있다는 사실을 알 수 있다. 능력이 보이도록 하기 위해서 평생학습 여권을 구상하고 학습성과 제공·모집 뱅크를 계획한다. 그리고 그 능력을 개발한다는 맥락에서 자기실현이 주목되고 있다. 매슬로우가 말했던 잠재능력의 발달은 인재 육성·능력 개발이라는 측면에서 다시 주목받고 있는 것이다.

능력 개발과 상담

자기실현이라는 임상심리학적 용어가 산업노동이나 교육 등의 분야에서 키워드가 된 것은 심리주의가 이들 분야에 스며들고 있으며 '마음의 케어'가 퍼지고 있다는 뜻이기도 하다.

후생노동성은 커리어 형성을 지원하기 위해 커리어·컨설턴트의 활용·양성을 내세우고 있다. 이에 따라 2002년도 이후 5년간 5만 명을 양성하고 공공직업 안정소나 민간 기관에 배치할 것이라고 한다(후생노동성 노동정책심의회, 2002).

커리어 컨설턴트는 커리어 상담사라고도 부르지만 후생노동성이 말하는 컨설턴트는 심리치료를 하는 그런 상담사가 아니다. 이들은 변화하는 노동시장의 동향에 눈을 돌리고 직업의 요구에 알맞은 능력 개발을 촉진하거나 다음 직장으로의 준비를 돕는다. 그래서 후생노동성은 오해받지 않도록 커리어 상담사가 아니라 커리어 컨설턴트라는 말을 사용했다.

그러나 이 컨설턴트가 하는 일은 기존의 상담사가 하는 '마음의 케어' 측면도 많이 내포하고 있다. 후생노동성은 커리어 컨설턴트에게 필요한 지식으로 정신건강 지식이나 심리검사의 수법·지식을 들고 있다. 또한 필요한 기술로 상담 기술이나 집단상담

기술을 들고 있다(후생노동성 직업능력개발국, 2002).

후생노동성은 컨설턴트라는 '전문가'에게 의존할 뿐 아니라 학생이나 프리터freeter족[1])의 직업의식을 높이기 위해 동료집단 상담을 해야 할 필요가 있다고 제언했다(<커리어 형성을 지원하는 노동시장 정책연구회 보고서>). 동료집단 상담이란 같은 환경에 있는 사람들끼리 행하는 상담이다. 이처럼 노동자 스스로 임상심리학적 지식·기술을 익혀 자기이해에 힘쓰지 않으면 안 되는 상황이 되고 있다.

이러한 상황에서 산업상담사 측도 종래보다 적극적인 역할을 맡으려 하고 있다. 지금까지 산업상담은 '종업원의 불평·불만을 듣고 문제해결을 돕는다'라는 이미지였다. 하지만 이제부터는 '능력 개발, 커리어 개발을 추진'하기 위해서도 '양육하는 상담'의 역할을 맡아야 한다(스기타니 기요토키杉渓一言, 2000).

이 인재 양성·개발이라는 역할을 조직·심리개발연구소의 요코야마 데쓰오는 '빛의 촉진·발굴'이라는 말로 표현했다(요코야마 데쓰오橫山哲夫, 2000). 정신건강이 하고 있는 예방적 역할을 '그림자'를 향한 대응이라고 부르며 능력 개발을 '빛'의 촉진이라고 인식한 것이다.

앞 장에서 말한 바와 같이 예방과 능력 양성은 표리관계에 있다. '건전'하게 사회에 도움이 되는 방향으로 능력을 키우는 것은

---

1) 영어인 '프리(free)'와 아르바이트를 하는 사람들을 칭하는 독일어 '아르바이터(arbeiter)'를 합친 일본의 신조어로, 능력이 있어도 직업을 갖지 않고 아르바이트로 생계를 이어가는 사람들을 뜻한다.-옮긴이.

'불건전'한 방향으로 향하는 것을 예방하는 것이기도 하다. 빛과 그림자라는 대립적 표현은 그런 사실을 잘 나타내고 있다.

이렇듯 산업상담이 상담실에서의 치료나 불평·불만의 경청이라는 소극적 역할에서 '양육하는 상담'이라는 적극적 역할로 전환한다는 것은 '평범한' 노동자를 대상으로 하고 있다는 의미이다. 이 또한 앞 장에서 말했듯이 학교상담이 '치료'에서 '예방·성장촉진'으로 역할을 전환하는 것이 '특별 학생'에서 '전체 학생'으로 대상을 확대하는 의미였던 것과 같이 산업상담이 '양육하는 상담'으로 이행한다는 것은 대상을 전 노동자로 넓히는 것이기도 하다. 전체 학생·전체 노동자를 대상으로 한다는 것은 상담 지식이 사회 속에서 확산된다는 의미이며, 심리주의가 퍼진다는 의미이다.

3 자기실현의 문제성

고정적 정체성에서 유행적 정체성으로

이제까지 주로 인재 육성이라는 측면에 초점을 맞추어 자기실현이라는 말이 퍼지고 있는 문제를 생각해왔다. 그렇다면 이 말이 퍼지면서 어떤 문제를 일으키고 있는 것일까? 또한 자기실현이라는 개념 자체에 문제는 없는 것일까? 배경에 있는 사회변화가 낳은 문제와 함께 생각해보려고 한다.

자기실현 개념의 확산 배경에는 조직에게 맡기는 직업관에서 개인 주체의 커리어 형성으로의 전환이 있었다. 이것은 우리의 정체성 형성의 방식이 변화해온 부분과도 이어진다.

우리의 정체성은 어떤 기준을 가지고 있다. 내가 누구인가를 생각할 때 무언가를 축으로 삼는다. 많은 사람들에게 그것은 직장이었다. "당신은 누구입니까?"라는 질문을 받았을 때 "○○회사의 ○○○입니다" 혹은 "○○(관공서)부처의 ○○○과장입니다"라는 식으로 자신을 표현한다. 즉 기업이나 관공서, 아니면 학교라는 집단에의 소속을 축으로 자신의 정체성을 인식해온 것이다.

그 결과 갑작스러운 부도나 구조조정을 당하면 기준이 되었던 직업을 빼앗겨 무엇을 해야 할지 알 수 없게 될 뿐만 아니라 자신의 정체성도 혼란스러워지는 경우가 있다.

반면 개인 주체의 커리어 형성의 경우 어디에 기준을 두는가 하는 문제가 생긴다. 언제 직장을 떠나 다른 기업에 갈지도 모르는 상황에서 조직에 의존할 수는 없다. 그렇다고 집단에 대한 소속의식과 관련 없는 정체성을 만들기는 어렵다. 그럼 어떻게 해야 하는가? 지금까지의 정체성에 구애받지 않고 다음 직장에 유연하게 맞추어가기 위해서는 스스로 변화할 수밖에 없다. 즉, 자신의 정체성을 부드럽고 유연하게 변화시키는 방법밖에는 없다. 특정 집단에 의존해서 고정적이고 견고한 정체성을 만들지 말고 가볍게 자기 자신을 바꿔나갈 수밖에 없다.

이탈리아의 사상가 알베르토 멜루치Alberto Melucci는 급격히 변화하고 다면화된 사회에서는 메타모르포제(변용 · 변신 · 변태)가 최선의 방책이라고 했다(멜루치, 1989). 자신의 정체성을 항상 다시 정의하면서 상황변화에 대응할 수밖에 없다. 그러나 그렇게 하기 위해서는 이를 되풀이해 나아갈 수 있는 내적 능력이 필요하다.

이 능력이 반복해서 변화하는 힘 · 의욕을 의미한다면, 이것은 바로 자기실현 욕구가 될 것이다.

그러나 자기실현 욕구는 그저 변화하는 욕구를 가리키는 것이 아니다. 이는 성장이나 능력을 개발하려는 욕구를 의미한다. 진보라는 방향성을 내포하는 개념인 것이다. 이렇게 되면 자기실현을 요구받는 우리는 상당히 혹독하고 곤란한 문제를 떠맡게 된다. 상황의 변화에 맞추어 자신을 바꿔나가야 할 뿐 아니라 자신을 진보시켜나가야 하기 때문이다.

이는 젊은 사람들에게도 꽤 곤란한 과제이다. 직장을 바꿀 때도 자기자신을 성장시킬 수 있는 직종을 택하지 않으면 안 된다. 자신의 능력·적성을 이해하고 앞으로의 사회에서 어떤 직종이 필요한지 지켜보면서 어떤 일을 선택할지를 생각해야 한다.

일하는 의미를 고민하는 사람들

나는 한 달에 두 번 정도 십대 후반에서 삼십대 사람들이 모이는 대화의 자리에 참여하고 있다. 거기에는 학교에 가지 않은 사람들이나 방에 틀어박혀 '은둔형 외톨이'였던 사람도 있고, 특정 직업에 종사하지 않고 아르바이트를 하며 살아가는 프리터족과 공무원도 있다. 이야기의 주제는 다양하지만 가장 관심을 불러일으킨 화제는 '일하다'였다. 참가하고 있는 멤버의 대부분은 '일하다'라는 것에 불안을 느끼고 있었다. 가능하면 일하지 않고 살아가고 싶다고 생각하는 사람도 꽤 있었다. 하지만 일하지 않는 상태 또한 큰 불안을 동반한다. 그런 화제를 이 자리에서는 천천히 서로 이야기한다.

앞 장에서 적었듯이 나 자신도 일을 그만둔 경험이 있었기에 일할 때의 불안도 일하지 않을 때의 불안도 이해할 수 있다. 내가 교사를 그만둔 때는 삼십대 후반이었지만 그때 밀려든 것은 '일하지 않으면 안 된다'라는 관념이었다. 이 관념은 일하지 않으면 먹고살 수 없다고 하는 것보다도 '일하지 않는 인간은 글러먹은 인간'이라는 가치관이었다고 생각한다. 이 가치관에 정당한 이유가 없다는 것은 알고 있었지만 좀처럼 떨쳐내기 어려웠다. 이 관념은 '다음에는 평생 계속할 수 있는 제대로 된 직장을 찾지 않으면 안 된다'라는 생각이 되어 계속 따라다녔다. 이런 생각에서 어느 정도 자유로워져 '평생 계속할 수 있는 직장에 취직하자 등은 생각할 필요가 없다. 어쨌든 살아갈 수 있으면 그걸로 된 거다'라고 생각하게 되기까지는 꽤 오랜 시간이 걸렸다.

우리 세대에도 '일하지 않는 인간은 글러먹은 인간'이라는 가치관이 따라다녔는데 젊은 사람들에게도 이 압박감이 가중되고 있다. 젊은 사람들과 이야기하다보면 그 사실이 뚜렷하게 느껴진다.

어쩌면 젊은이들의 상황은 우리보다 더 어려울 것이다. 그것은 노동에 자기실현적인 의미가 담겨 있기 때문이다. 취업활동은 그저 일자리를 찾는 것뿐만 아니라 자신에게 '의미 있는 노동'을 찾아야 하기 때문이다. '어쨌든 일한다는 것은 재미없다. 그래도 생활하기 위해서는 일하는 수밖에 없다. 일단 어디든 취직할까?'라는 식이 아니라 자기실현을 위해서는 자신에게 맞는 일을 선택하지 않으면 안 된다. 만약 몇 년 뒤에 그만둔다고 해도 커리어 향상으로 이어지는 것으로 선택해야지, 하면서 말이다. 일단 일을 해보자는 것이 아니라 직장 찾기와 자신을 찾는 것을 세트로 생각하지 않으면 안 된다.

대화에 참가하는 사람 중에는 한번 취직한 후 몇 년 지나 그만둔 사람도 적지 않다. 그런 경험을 가지고 있는 어떤 사람은 "예전 직장도 나에게 의미 있다고 생각했는데 그렇지 않았어요. 이번에야말로 나에게 맞는 직장을 찾고 싶어요. 하지만 내게 맞는 일이란 도대체 무엇일까요?"라며 고민하고 있었다.

먹고살기 위한 직장을 찾는 것이 아니라 '자신'에게 의미 있는 일을 찾는다. 이것은 당연한 듯 여겨지고 있지만 상당히 어려운 작업이다. '자신'을 이해하지 않으면 안 되고, 일의 내용도 깊이 알지 않으면 안 된다. 이 직장 찾기와 자기 자신 찾기 세트는 정말 골치 아픈 세트인 것이다.

더구나 의미 있을 것 같은 일을 찾았다고 해도 취업이 어렵다. 현실에서 자기가 좋아하는 일에 취직할 수 있는 사람은 얼마 없다. 그런데도 불구하고 대학 등에서 행해지고 있는 취업활동 안내는 이 세트를 요구하고 있다. 더군다나 무라카미 류처럼 좋아하는 직업에 취직하는 사람과 그렇지 않은 사람이라는 두 종류의 사람이 있다는 구분이 확산되면 이 부담은 더욱 커진다.

일을 찾는 것도 어렵지만 자신을 찾는 것은 더 힘든 작업이다. '자신이란 무엇인가, 스스로의 가능성이란 어떤 것인가?' 하는 물음에 답하는 것은 매우 곤란하다. 경우에 따라서는 '진짜 자신이란?' 이라는 물음을 하는 사람도 있다. 이렇게 되면 해답은 더욱 곤란해진다. 해답 따위는 존재하지 않기 때문이다.

'자신'은 장소와 시간에 따라 조금씩 변화한다. 가정에서 부모님에게 보이는 자신과 학교에서 친구에게 보여주는 자신은 조금씩 다르다. 연인에게 보이는 나 또한 다르다. "우리 애는 너무 조용해서 아무 말도 하지 않아요. 학교에서는 어떨까요?" 하고 걱정하던 부모가 있었다. 그러나 그 아이는 교실에서는 가장 활발한 학생이었다. 이런 일들은 흔하다. 그럼 어느 쪽이 진짜 자신일까? 감정적으로 이쪽이 진짜라고 생각하고 싶어도 어느 쪽이 진짜 자신이라고 논리적으로 판단할 수는 없다. 그 어느 쪽도 자기 자신의 모습이기 때문이다. "진짜 자신이란?"이라는 질문에 해답은 존재하지 않는다.

그러나 많은 사람들이 취업이라는 문제에 직면함과 동시에 이 문제에 빠진다. 그리고 좀처럼 벗어날 수 없는 막다른 골목으로 들어가버리는 사람도 적지 않다.

자신의 가능성이라는 것은? - 자기실현 개념의 위험성

그렇다면 자기실현 개념은 어떤 점이 문제일까?

매슬로우에 의하면 자기실현이란 '그 사람이 잠재적으로 가지고 있는 것을 실현하는 경향'이며, 자기실현적인 사람이란 '재능이나 능력, 잠재 능력 등을 충분히 사용하여 개척하는' 인간이다(매슬로우, 1954). 그리고 실제로 자기실현을 이룬 사람 몇 명을 예로 들어 분석함으로써 자기실현적 인간의 특징을 도출했다. 그중에 제퍼슨이나 링컨 등의 저명인사도 포함되어 있다. 이러한 수법은 매슬로우 특유의 것으로 그 결과 정의는 애매해도 이미지는 구체적이고 뚜렷한 것이 되었다. 하지만 이런 분석은 문제를 안고 있다.

베르그송Henri-Louis Bergson은 잠재능력, 가능성과 실현된 것, 실제와의 관계에 대해 "가능성은 과거에 반영된 현재의 환상이다"라고 지적했다(베르그송, 1938). 사람은 무언가를 성취하고 성공한 사람을 보면 '이 사람은 가능성이 있었다. 어렸을 때 이런 것을 했다. 이러한 특징이 있었다' 등의 이야기를 한다. 현재 뛰어난 기술자로 활약하는 사람을 보고 '이 사람은 어렸을 때부터 기술자로서 가능성을 보였다, 잠재능력이 있었다'라고 설명하고 싶어 한다. 그러나 그것은 현재의 모습을 과거에 비춘 것에 불과하다. 어렸을 적에 보였던 특징이 장래의 모습으로 이어질지 어떨지는 전혀 알 수 없고 예측할 수 없다. 지금의 모습에서 받은 느낌을 과거에서 찾아 그것을 가능성이라고 부르는 것에 지나지 않는다. 또한 현재의 모습을 보고 미래의 모습을 알아맞히는 것도 가능하지 않다. 그것은 어디까지나 추측에 지나지 않는다. 베르그송은 현재 속에 미래의 가능성을 보는 것은 "착각일 뿐이다"라고 말했다.

그런데 매슬로우는 바로 현재의 이미지를 과거에 투영하는 실수를 했다. 자기실현을 이룬 사람을 분석해서 자기실현의 특징을 도출한 것이다. 잠재 능력·가능성을 충분히 개척한 결과 자기실현에 성공했다는 표현은 과거에서 지금 모습의 이미지를 찾아 발견한 것을 가능성·잠재능력이라 부르며 이제야 그 가능성이 펼쳐

졌다고 하는 것에 지나지 않는다.

더구나 현재 일본 사회에서 요구하는 커리어 개발로서 자기개발은 착각에 불과하다. 장래의 이미지, 그것도 사회에서 기대하는 직업·직위의 이미지를 현재의 어른·아이들 속에 투영하여 그 이미지에 맞는 능력을 찾아내고 키운다는 것이기 때문이다.

자기실현 사회와 게으름

봉사활동도 중요한 자기실현의 자리로 여겨지고 있다. 민간의 힘이 중시되면서 복지나 교육 분야에서도 민간의 NPO(Nonprofit Organization)나 지역활동이 어느 때보다 높게 평가되고 있다. '등교거부'에 관해 말하자면 민간이 운영하고 있는 열린 공간이나 대안학교를 행정기관이 어느 정도 인정하고 있다. 그렇게 되면 당연히 봉사활동이 중요하게 되며 이런 활동에 대한 적극적인 참여도 장려된다. 또한 봉사활동에 스스로 참여하는 사람도 상당히 늘었다.

따라서 노동뿐만이 아니라 봉사활동에 대한 자기실현적 참가도 강조된다. 일하는 것보다도 의미 있는 '활동'을 하고 있는지가 요구되었고, 노동이든 봉사든 의미 있는 '활동'을 하고 있는지가 중요한 것이다.

시부야 노조무는 《영혼의 노동》(2003)에서 이러한 상황에서는 이런 활동에 참가하지 않는 사람은 '게으른' 사람으로 여겨진다고 분석했다.

행정기관은 일정한 직업을 가지고 있지 않은 젊은이에게 커리어 컨설턴트 등을 통해 사회가 요구하는 직종을 제시하거나 어떤 직업 능력을 익히면 좋을지를 지도한다. 혹은 자기이해가 깊어지도록 해보거나 면접방법을 전수한다. 그렇게 해도 자기실현을 향해 노력하거나 일정한 직업을 가지려고 하지 않는 사람은 나태하다고 본다. 반면 특정 직업으로 이어지지 않더라도 봉사활동을 하고 있는 사람은 어느 정도로 평가받는다. 노동도 봉사활동도 하려고 하지 않는 사람들은 게으르거나 응석부리는 사람으로 결론지어진다.

한편 일정한 직업을 가지지 않고 봉사활동을 하지 않는 사람이라도 꿈을 추구하는 사람은 인정받기도 한다. 연극이나 음악을 계속하기 위해 아르바이트를 하면서 생활하는 사람은 그 나름대로 평가받는다. 하지만 아르바이트를 하면서 하고 싶은 일을 찾으려는 사람들, 즉 '모라토리엄 인간'으로 분류되는 사람들(일본노동연구기구, 2001)의 대부분은 주위에서 마냥 게으름 부린다는 소리를 들으며 본인들도 그 부분을 신경 쓰며 고민하고 있다.[2)]

또한 더 좋아하는 일, 하고 싶은 일을 하는 것을 포기한 사람들도 많이 있다. 그 사람들 역시 주위에서는 게으르다고 본다. "하고 싶은 일을 생각해봤자 우리가 취업할 수 있는 직업은 한정되어 있어요"라고 말하는 사람들도 많이 만났다. 그 사람들의 말

2) 모라토리엄 인간Moratorium 人間이란 일본의 정신분석학자 오코노키가 명명한 말로 어느 곳에서도 소속감을 느끼지 못하고 모든 일에 방관하는 사람을 말한다. -옮긴이.

처럼 하고 싶은 일로 취업하는 것은 매우 어렵다. 취업하는 것도 어려운데 자신에게 맞는 직장에 취업할 수 있겠느냐고 한다면 “어렵다”고 말할 수밖에 없을 것이다. 자기실현을 부추기는 사회는 ‘선구적인 인재’ 양성을 목표로 한다. 그리고 노동에서 의미를 찾으라고 촉구하기도 한다. 그러나 의미를 찾아내는 사람은 극소수에 지나지 않는다. 결국 이 사회는 고민하는 다수의 사람과 게으르다고 불리는 사람을 많이 만들어내고 있다.

제6장

해결이 아닌 문제를 중시하는 관계

나카지마 히로카즈

1 문제해결을 서두르는 사회

해결을 서두르는 관점

'마음의 케어'의 확산 속에서 임상심리학은 예방이나 성장촉진으로 비중을 옮겼다. 그 결과 사람들은 해결을 재촉 당하는 상황에 놓였다. 예방이나 성장촉진의 관점도 '가능한 한 빠르게 문제를 해결하라'며 사람들을 재촉하고 있기 때문이다. '위기 속에서 문제에 직면한 사람은 문제를 질질 끌고 가서는 안 된다, 그대로 두면 큰일 난다, 그렇기 때문에 가능한 한 빨리 문제를 해결해야만 한다'라고 예방적 관점은 말한다.

문부성의 《재외교육시설 안전대책 자료・마음의 케어 편》(2003)에 의하면 '마음의 케어'란 '심신의 건강에 관한 다양한 문제를 예방하거나 그 회복을 도와주는 활동'이다.

이 정의에 따르면 예방이란 '심신의 건강에 관한 문제'가 발생하지 않도록 그 전에 여러 가지 '문제'를 가능한 한 빨리 해결하도록 돕는 것이다. 그래도 '심신의 문제'가 발생했을 때는 문제해결적 접근으로 문제가 조속히 해결되도록 이끌어가야 한다. 이것이 '마음의 케어'이다.

이 설명에서도 알 수 있듯이 '문제'는 빨리 해결되어야 한다.

이 '마음의 케어'가 사회에서 확산되면 문제해결을 재촉하는 관점도 확실히 확산될 것이다.

더군다나 이미 탁월한 문제해결 능력을 가진 '선구적인 인재' 육성이 요구되고 있다. 이와 함께 문부성은 '살아가는 힘'의 육성을 교육목표의 하나로 내걸고 문제해결 학습 등을 적극적으로 추진하고 있다. 요즘은 어디에서나 문제해결 능력을 요구한다. 우리는 어떤 문제와 만나더라도 정확하게, 그것도 가능한 한 빨리 해결하는 능력을 익히도록 요구받고 있다.

그러나 우리는 빨리 문제를 해결할 수 있을까? 우리가 일상생활 속에서 마주치는 문제, 여러 가지 사회변화 속에서 만나는 문제들은 빨리 해결될 수 있는 것일까? 이 사회는 쉽게 해결할 수 없을 것 같은 것도 문제도 해결을 재촉한다.

해답이 있는 문제와 쉽게 해답이 나오지 않는 문제

질 들뢰즈는 '문제'를 둘로 나누어 분석했다(들뢰즈, 1968).

하나는 해답이 확실한 '문제'로 학교에서 교사가 학생에게 제시하는 문제를 생각하면 된다. 교사는 문제 푸는 방법을 가르치기 위해 예제를 낸다. 학생은 주어진 문제에 대처해 어떻게든 정답을 도출해낸다. 푸는 방법만 알면 문제의 역할은 끝이 난다. 문제는 잊어도 상관이 없다. 중요한 부분은 해답이며 해법이기 때문이다. 좋은 문제는 해결에 이르는 과정이 알기 쉬운 예제이다. 문제의 평가는 해결방법이 알기 쉽게 습득될 수 있는가 하는 점에 달려 있다. 해결방법이 많아 복잡한 것은 그다지 좋은 문제가 아니다.

이 경우에는 문제보다도 해답이 먼저다. 문제는 해답을 도출하기 위해 세운다. 또한 의미 있는 것은 해답 혹은 해결방법이며, 문제는 그렇게 중요하지 않다. 문제는 해답을 전제로 한 것이기 때문이다.

반면 우리가 일상생활 속에서 마주치거나 어떤 일에 부딪혀서 만나는 '문제'의 해답은 복잡하다. 해답이 있는지 없는지도 알 수 없을뿐더러 만약 있다고 해도 여러 해법을 생각할 수 있다. 차라리 정답 같은 것은 없다고 생각하는 편이 낫다.

'나는 장래에 어떤 직업을 목표로 하면 좋을까?', '일한다는 것은 도대체 어떤 것일까?', '무엇 때문에 공부해야 할까?' 등의 문제에 정답 같은 것은 없다. 하물며 '산다는 것은 무엇일까?', '내 인생에 의미는 있는 걸까?' 등의 문제는 쉽게 답을 준비할 수 없다.

이러한 문제는 해답을 도출하기 위해 설정된 것이 아니다. 그래서 해결에 이르는 길은 복잡하고, 쉽게 답을 낼 수 없다. 또한 어떤 해답을 냈다고 해서 이 문제가 사라지지는 않는다. '왜 공부를 해야 하는가' 하는 문제를 생각하고 있던 사람이 '아아, 나는 이것을 위해 공부하고 있구나'를 깨닫고 안심했다고 하자. 일단 해결은

했지만 이 문제는 쉽사리 사라지지 않을 것이다. 어떤 계기로 다시 머리를 싸맬 것이다. '산다는 것은?'이란 문제는 평생 떼어 놓을 수 없다. 평소에는 잊어버린다고 해도 이따금씩 문제로 다가올 것이다.

우리가 인생에서 맞닥뜨리는 문제가 이런 것이라고 한다면 해결을 위한 매뉴얼을 만들고 문제해결 기술을 익히는 일이 어느 정도 의미가 있을까? 해답을 전제로 한 문제라면 이 매뉴얼이나 기술, 해결 능력은 도움을 줄 수 있다. 예를 들어 교육의 장에서 교사가 설정한 문제에 대해서는 유효할 것이다. 복잡하게 얽힌 현실이 아니라 교사가 준비하는 예제처럼 어느 정도 조건을 갖춘 상황이라면 통할지도 모른다. 실제로 '마음의 케어'를 배우기 위해 심리학과 학생이 훈련받는 것은 '예제 · 사례case'이다.

그러나 구체적인 문제와 사례로 나온 문제는 전혀 다르다. 구체적으로 개개인이 직면하는 문제는 많고 복잡해서 해답이 확실하지 않다. 하지만 사례는 어느 정도 단순화되어 지도하기 쉽도록 해결방법이 정리되어 있다.

요컨대 사례연구에 기초를 둔 해결방법이나 지원방식은 '정답이 없는 문제'를 '해답을 전제로 한 문제'로 바꿔치기한 상태에서 도출된 것이다.

사람을 괴롭히는, 해결을 서두르는 관점

우리는 쉽게 해결할 수 없는 문제에 직면해 때로는 생각하고, 때로는 고민한다. 이때 해결을 서두르는 관점은 어떻게 작용할까?

이 관점은 등교를 거부하는 사람에게는 "이대로는 사회적으로 자립하기 어려울 텐데", "은둔형 외톨이가 되어버릴지도 몰라" 하는 목소리가 되어 밀어닥친다. 문부성도 이런 목소리를 선동하며 그저 단순히 기다려서는 안 된다고 말한다(문부성, 2003). '은둔형 외톨이'들에게도 이 관점은 "오랫동안 이런 상태에 있으면 사회에 나가 일하기 어려워진다", "자립하기 어렵게 된다"라고 재촉한다. 물론 상담사나 정신과 의사가 직접 본인에게 이런 말을 하는 일은 없겠지만, 부모나 주위 사람들의 시선을 통해 이 목소리는 다가온다. 세리자와 슌스케芹沢俊介는 《방에 틀어박힌다는 열정》(2002)이라는 책에서 '빨리 어떻게든 하지 않으면 큰일 난다'라며 한목소리를 내는 사회에 '정말로 그럴까?'하고 물음표를 달아봅시다. '빨리 어떻게든 하지 않으면 큰일 난다'라는 주위의 목소리가 은둔형 외톨이 본인을 괴롭히기 때문입니다"라고 말했다.

'은둔형 외톨이'로 불리는 사람들은 어떤 문제에 직면하면 생각에 생각을 거듭한다. 그것은 일한다고 하는 문제이거나 타인과의 관계에서 오는 문제거나 자립의 문제일 수 있다. 또한 자신의 모습을 문제화하는 경우도 적지 않다. 지금까지의 자신의 모습과 결별하고 싶고, 탈피하고 싶다고 생각하는 것이다.

하지만 '이대로는 큰일이 난다'고 하는 목소리는 이 사고의 흐름을 가로막는다.

이 목소리는 '은둔형 외톨이'에서 벗어난 뒤에도 쫓아온다. '은둔형 외톨이' 상태에서 빠져나와 대안학교 등의 장소로 찾아오는 사람이 적지 않다. 그곳에서 앞으로 어떻게 해야 할지 등에 대해 그, 그녀들은 생각한다. 그러나 거기에서도 '제대로 일하지 않으면 이대로는 자립할 수 없어'라는 주위의 목소리가 들려온다. 여기서도 '정말 그런 거야? 빨리 자립하지 않으면 안 되는 거야?'하고 질문을 던지지 않으면 천천히 생각하기도 어렵다.

나는 고등학교 교사시절에 만난 한 학생을 잊을 수가 없다. 그 학생은 여름방학을 포함해 반년 정도 학교를 쉬면서 집에 '틀어박혀' 있었다. '틀어박히기' 직전에 그는 이렇게 말했다.

"저는 앞으로 어떻게 살아갈지에 대해 천천히 생각하고 싶지만 학교에서는 공부하기에도 바빠서 그럴 시간이 없어요. 좀 더 전체적인 관점에서 생각하고 싶지만 그럴 수가 없어요. 그래서 선생님과 친구들에게서 벗어나 곰곰이 생각하고 싶어요."

그는 집에서 천천히 생각하며 자기 나름대로 결론을 낸 듯했고 반년 후에는 학교에 돌아왔다. 그리고 평범하게 공부를 계속하여 대학에 입학했다.

그의 담임선생님도 다른 교사들도 '빨리 어떻게든 하지 않으면'이라는 행동은 취하지 않았다. 그 덕에 그는 곰곰이 생각할 수 있었다. 하지만 지금처럼 조기발견·조기대응의 관점이 강화되는 상황이었다면 어떻게 되었을까? 벗어나고 싶었던 교사의 관심 대상이 되어버렸을지도 모른다. 아니면 작은 신호도 놓치지 않는 그물망에 걸렸을지도 모른다.

문제 바꿔치기

해결을 서두르는 관점은 위험에 처한 사람을 괴롭힐 뿐만 아니라 문제를 바꿔치기한다. 당연히 직면하고 있는 문제는 사람마다 각각 다르다. 성 정체성에 관한 문제거나 친구에 대한 문제일 수도 있다. 사회의 방식이나 학교제도에 대한 의문일지도 모르고 '살아간다는 것은 무엇인가'라는 철학적인 문제일지도 모른다. 그러나 해결을 서두르는 관점, 즉 심리학적 예방적 관점은 그것을 마음의 문제로 바꿔치기한다. '마음의 신호'를 놓치지 않으려는 시선은 직면하고 있는 문제가 어떤 것이든 마음의 과정에만 흥미가 있는 것이다. 학생이 공부의 의미나 자신의 성 정체성에 대해 문제를 호소한다고 해도 관심은 스트레스 반응이 어떤지, 어떤 트라우마가 있는지와 같은 마음의 상태에 있다.

사실 이 '마음의 문제'도 그렇게 쉽게 해결할 수 있는 것이 아니다. 상담은 때로는 몇 년이나 계속되는 긴 과정이다. 여기서 해결하기 쉬운 문제로 바꿔치기해서 그것을 해결하려는 경향도 나오고 있다.

그러나 어찌됐든 직면한 문제는 여전히 남아 있다.

'나의 성 정체성은 어떤 것일까?'라거나 '나는 어떻게 살아가야 좋은가?'라는 문제는 '마음의 문제'로 이해될 수 있는 것이 아니다.

그러기는커녕 '마음의 문제'로 환원하는 관점은 성 정체성이나 삶을 고민하는 모습을 보고 '부적응'이라는 꼬리표를 달지도 모른다. 과거에는 동성애자를 정신과 의사나 '마음의 전문가'들이 '성적 일탈'로 보았던 일을 생각하면 문제 바꿔치기는 문제에 직면한 사람들을 '문제아' 혹은 '문제 있는 사람'으로 만들어버릴지도 모른다.

이 문제 바꿔치기는 문제를 제시한 사람의 입장에서는 눈속임으로 보인다. 상담에 불만을 품은 사람들 중에서 '속았다'고 호소하는 사람이 많다. '열심히 자신의 의견이나 문제를 상담사에게 호소하고 심지어는 남에게 말하고 싶지 않은 것까지도 말했는데 상담사는 자신의 의견이나 문제제기에 대해 아무런 답도 해주지 않았다, 관심이 있는 것은 성장배경, 가족, 그리고 마음의 상태뿐인 듯했다, 정말 속은 기분이 들었다'고 했다.

해결을 서두르는 경향은 또 사람들을 선별하고 가르는 데 박차를 가한다.

지역에서 확대되는 예방적 관점은 네트워크로 기능한다. 제4장에서도 말했듯이 '마음의 신호'를 놓치지 않으려는 감시의 그물망은 학교·의료기관·상담기관·경찰·지역 사람들과 연계상에서 형성되어 있다. 이 네트워크에 의해 아동·학생, 그리고 사람들의 행위는 감시받는다. 자그마한 신호도 놓치지 않기 위해 감시받는 것이다. 그리하여 신호가 발견된 사람에게는 교사나 '마음의 전문가', 혹은 복지 관련에 있는 사람이 조기에 개입한다. 게다가 간단한 대응으로는 어렵다고 판단되면 전문적인 의료기관으로 보낸다. 실로 지역에서 이동하는 모든 개인에 대한 통제, 감시와 전문기관으로의 감금·배제가 결합된 선별·분류의 네트워크인 것이다.

그렇다면 이 네트워크 속에서 사람들이 안고 있는 문제가 해결될까? 그것을 기대하기는 어렵다. 이 그물망이 해결하려는 것은 '마음의 문제'뿐이다. 사람들이 직면한 여러 가지 문제는 그대로 남는다.

우리는 '문제'에 직면했기 때문에 고민한다. 하지만 네트워크 속에서 문제가 되는 것은 이 '고민'뿐이고 근원적인 '문제'는 그대로 방치된다.

필자가 만난 사람 중에 몇몇은 '마음의 전문가'나 의료기관에 다니고 있거나 다닌 적이 있었다. 그러나 그곳에서는 그, 그녀들이 안고 있는 문제는 해결하지 않았다. 그래서 우리에게 다양한 문제를 털어놓거나 대화를 요청하거나 상담을 부탁한다.

나는 그러한 문제야말로 제대로 받아들여 함께 고민하고 싶다. 성 정체성이나 삶, 일, 자립 등, 그, 그녀들이 안고 있는 문제는 나 자신에게도 공통된 문제이기 때문이다. 그리고 문제가 쉽게 해결되지 않는 이상 천천히, 해결에 도달하지 못한다고 해도 차분히 문제에 다가가고 싶다.

2 해결보다는 문제를

이야기 주체를 몰아붙이는 물음

문제에 다가가고 싶다고 적었지만 "문제만 생각하면 소용없다. 해답을 도출하지 않으면 의미가 없다"라고 말할지도 모른다. 분명 해답이 나오지 않으면 해결했다고 볼 수 없다. 하지만 문제는 해답을 조건화한다. 즉, 우리의 해답은 어떠한 문제를 제시하고 있느냐에 따라 크게 달라진다. 그것이 인생의 문제라면 어떠한 문제를 안고 있느냐에 따라 우리 삶의 방식은 크게 변화한다.

'어떻게 하면 즐겁게 살아갈 수 있는가'라고 묻는 사람과 '바르게 살아가는 방법은 어떤 삶의 방식일까?'라고 질문하는 사람은 해답 방법도 다르고 삶의 방식도 달라진다. 또한 '어째서 나만 학교에 다닐 수 없는 걸까?'라고 묻는 사람과 '가기 싫은 학교란 도대체 뭘까?'라고 묻는 사람은 해답에 이르는 방법도 그 사람의 존재방식도 달라진다. 더욱이 '어째서 나는 동성을 사랑하는 걸까?'라고 질문하는 사람과 '어째서 동성을 사랑하는 것이 문제시되는 걸까?'라는 질문을 하는 사람은 사회에 대한 자세가 달라진다.

이런 식으로 해결에 이르지 않더라도 어떤 문제인지 생각하는 것은 삶의 방식도 좌우하는 중요한 것이다.

게다가 문제를 받아들인다고 적었지만 사람이 가져오는 문제를 뭐든 떠맡아야 하냐며 의문을 제기하는 사람도 있을 것이다. 물론 나는 어떠한 문제라도 받아들일 수 있다고 말하는 것이 아니다. 또한 학생이 상담해온 문제를 모두 긍정적으로 받아들이겠다는 것도 아니다.

당연히 용납하기 어려운 '문제'도 많고, 다른 형태로 문제를 제기했으면 좋겠다고 생각할 때도 있다. 더욱이 학생이 제기한 문제는 다른 문제로 이어지는 것도 있다. 그러한 모든 것에 대해 이야기를 나누거나 생각하는 것도 포함해서 문제에 다가간다고 한 것이다.

다른 방법을 취하는 것이 좋지 않을까 하고 생각하는 문제 중 하나는 자신을 질책하는 것 같은 문제제기 방법이다. '모두 학교에 다니고 있는데 왜 나만 학교에 다닐 수 없는 것일까?'라는 물음이 그것이다. 이 물음은 자신의 책임을 문제 삼고 있다. '어째서 이 아이는 학교에 갈 수 없는 것일까? 왜 이 아이만?'이라는 주위의 시선도 내포되어 있다. '이대로는 장차 큰일 난다'라고 하는 목소리도 흡수하여 자신의 책임을 추궁한다.

이렇게 주체의 존재방식이나 책임을 묻는 문제제기 방법은 경찰관이 하는 직무관련 질문이나 심문의 형식과 흡사하다(알튀세르 Althusser, 1970).

심문관은 "(이런 짓을) 한 게 당신이야?", "당신이 한 짓이라면 인정해" 하고 문초한다. 여기서 문제가 되는 것은 책임의 소재다. 그 책임을 스스로 인식하도록 물음을 제기하고 있는 것이다. 게다가 심문관은 누가 책임을 갖는지를 미리 알고 있다. 증거를 쥐고 '이 녀석임에 틀림이 없다'는 확신에 가까운 감정을 품고 추궁한다. 행위의 이유도 어느 정도 알고 있다. 안다는 가정하에 '동기는 이러이러 하겠지' 하고 따지며 확인을 요구한다. 이것은 실로 재인식의 의식이다.

'왜 나만 학교에 갈 수 없는 것일까?'라는 물음도 책임 소재가 가장 큰 문제이다. 게다가 누가 책임을 져야 할지도 미리 결정되어 있다. 책임을 져야 하는 사람은 자기 자신밖에 없다. 자신이 이 책임을 인정하고 떠맡는 것 외에는 없다. 경우에 따라서는 자신을 키운 부모에게 그 책임을 짊어지게 하지만 이것은 자신의 책임을 인정한 뒤의 일이다. 이 물음에 답하는 작업은 미리 인식하고 있는 책임을 확인해가는 과정이며 재확인하는 의식이라고도 할 수 있다. 이것은 고통을 동반하는 작업이다.

이 물음은 개인의 책임을 확인한 뒤에 개인의 마음의 상태로 향한다. '왜 나만?'이라는 물음은 내 마음의 상태로 향한다. '마음의 문제'로 이어지는 것이다.

이러한 질문 방식, 문제제기 방식은 자신을 괴롭힐 뿐이다. 학교에 갈 수 없다는 상황의 주변에는 갖가지 문제가 있을 것이다. 이러한 물음은 학교, 교사, 친구, 부모와의 관계 등을 내버려두고 모든 것을 개인의 책임으로 환원해버린다. 이렇게 주체의 책임을 추궁하는 문제제기 방식은 다른 문제로 바꾸지 않으면 안 된다. 그렇지 않으면 이 물음을 자신에게 제기한 사람은 계속 고통받을 수밖에 없다.

문제는 관계를 통해서 발생한다

나는 그동안 문제를 제기한다는 표현을 사용했다. 이 '제기한다'라는 표현은 문제가 개인적인 것이라는 인상을 주었을지도 모른다. 하지만 '문제'는 결코 개인적인 것이 아니다. 오히려 '문제'는 개인과 사회, 혹은 개인과 주위 사람들과의 관계 속에서 '발생하는' 것이다(나카지마 히로카즈, 2002년).

'내게 맞는 일은 어떤 직업일까'하는 문제는 개인의 커리어 형성을 요구하는 사회와 분리할 수 없다. '왜 나는 학교를 다닐 수 없는 걸까?'라는 물음도 현재와 같은 학교제도에서만 의미를 가진다. 90% 이상이 학교를 다니는 사회이기 때문에 비중 있는 문제가 되는 것이다. '나는 왜 동성을 사랑할까'라는 물음도 '동성애자'인지 '이성애자'인지를 엄격히 구별하고 차별하는 사회이기 때문에 일어나는 문제이다(핼프린Halprin, 1990).

이처럼 '나는……'라고 제시된 물음이라도 문제를 개인의 내면에서만 찾을 수는 없다. 또한 '문제'를 심리학적으로 설명하는 것도 무리가 있다. ‘문제’는 사회나 다른 사람들과의 관계 속에서 생기기 때문이다.

거꾸로 이 ‘문제’를 사회학적, 경제학적으로 설명하는 것도 어렵다. ‘문제’는 사회에서만 일어나는 것이 아니다. 개인과 사회, 개인과 주위 사람들과의 관계 속에서 벌어지는 다양한 일들을 통해 문제가 생긴다. 문제는 개인의 내면으로도 사회로도 환원할 수 없다(들뢰즈, 1985).

문제를 개인의 내면으로 돌릴 수 없다면 문제에 다가가는 행위는 심리주의적 대응과는 전혀 다를 수밖에 없다. 상담처럼 마음에 초점을 맞추고 감정을 수용하는 데 주안점을 둔 대응에서는 관계를 통해 발생하는 문제를 받아들일 수 없기 때문이다.

문제가 관계를 통해 생긴다고 하면 문제를 생각하는 과정에서도 관계를 고려할 수밖에 없다. ‘어째서 나만 학교에 다닐 수 없는 것일까’ 하는 물음이 주위의 ‘어째서?’라고 하는 엄격한 시선을 내포한다면 자기 혼자서 문제제기 방법을 바꾸기 어렵다. 주위와의 관계를 변화시키지 않으면 이 문제의 제기방법에서 벗어날 수 없다. 그렇기 때문에 다양한 문제에 대해 ‘~문제를 생각하는 모임’과 같은 장이 생겨나고, 여러 관계 속에서 ‘문제’에 다가가는 활동이 많이 일어나는 것이다.

묻는 힘

묻는다는 행위는 강한 힘을 갖고 있다. 때로는 관습, 규칙, 의식까지도 문제화하며 무너뜨린다. 동성애자 해방운동에서 제기되는 문제는 이성애 중심의 '상식'을 묻는 것으로 우리의 관계 방식까지도 문제화한 것이다. 또한 학생들이 학교나 교육 자체에 던지는 문제도 우리가 암묵적으로 전제하는 교육관을 뒤흔드는 것도 포함한다. '일한다'라는 것에 대한 의문, '사회적 자립'에 대한 문제제기도 마찬가지다.

이렇듯 묻는 행위는 때로는 우리의 자세를 변화시켜 타인과의 관계나 사회와의 관계를 근저에서 변화시키는 힘을 갖고 있다.

그러나 '마음의 케어'는 이 묻는 힘을 억누른다.

오자와 마키코는 "상담은 분노나 불안을 억누른다, 감당할 수 없는 괴로운 감정을 달래며 온화하게 적응으로 이끈다"라고 말했다(오자와 마키코小沢牧子, 2002). 상담은 자신의 '마음의 문제'로 시선을 돌리게 함으로써 사회나 교사 등에 대한 분노를 억누른다고 했다.

뿐만 아니라 상담은 묻는 힘을 약화시킨다. 교육이나 사회의 방식, 성 정체성의 방식 등을 묻는 사람에게 상담사는 "당신이 생각하는 문제는 중요합니다. 하지만 일단 당신 마음의 괴로움과 불안에 대해 생각해봅시다"라고 말한다. 혹은 '네가 생각하고 있는 문제는 중요하지만 일단 해결하기 쉬운 문제에 초점을 맞추어 생각해보자"라고 한다. 그 결과 '마음의 문제'나 해결하기 쉬운 문제에 초점이 맞춰지면서 어느새 최초의 문제는 버려지고 잊힌다. 우리의 삶의 방식, 관계의 방식을 묻는 문제는 옆으로 밀리고 조금 더 영향력이 적은 문제로 바뀐다. 상담은 '감당할 수 없는' 문제에 다가가는 자세를 누그러뜨리며 '온화한 적응'으로 이끌어가는 기능을 맡고 있다.

그러나 그렇게 쉽게 묻는 힘을 억누를 수는 없다. 그렇기 때문에 내가 만난 대다수의 사람들은 상담사에게 '속았다'라고 느끼고 상담사에게서 떨어져 자신이 안고 있는 문제를 계속 생각하려고 하는 것이다.

이러한 문제는 번거롭더라도 그것에 다가갈 필요가 있다고 생각한다. 왜냐하면 그 문제의 대부분은 나 자신의 방식, 관계의 방식과 관계된 것이기 때문이다. 그 문제가 자신들의 방식이나 관계의 방식, 그동안의 삶의 방식을 묻는 것이라고 한다면 그때까지의 관계를 문제 삼고 새로운 관계 방식을 모색하면서 문제에 다가가는 것밖에 없다.

'문제'에 다가가는 작업은 해결하려는 작업에 비해 언뜻 소극적으로도 보인다. 하지만 기성관계를 문제시하는 것은 새로운 관계를 구축하는 것과 연관이 있어 발전적인 작업이기도 하다.

'마음의 케어'가 퍼지는 사회는 해결을 서두르는 사회이기도 하다. 문제에 직면해서 고민하는 사람들에게 일찌감치 개입하거나 '이대로는 성장할 수 없어'라고 자기실현을 강요하는 사회이기도 하다 우리가 직면하고 있는 여러 가지 문제는 쉽게 답을 낼 수 없는 것임에도 불구하고 계속 묻는 것을 허용하지 않는다. 그렇기 때문에 우리는 거꾸로 '문제'를 소중히 여기고 우리의 삶과 관계와 사회의 방식에 대해 시간을 들여 물음을 계속 가져야 한다.

나가며

‘마음의 케어’와 심리주의 확산의 문제의식을 공유하며

1990년대 이후 ‘마음의 케어’가 사회 여러 분야에 퍼지며 복지나 교육, 직장, 지역에까지도 확산되고 있다. 무슨 큰일이 생기면 ‘마음의 케어’가 필요하다며 상담사를 파견하거나, 대안학교 같은 민간조직에서는 ‘마음의 전문가’를 두지 않으면 학생을 제대로 케어하지 못한다는 사회적 비난을 받기도 한다.

이러한 상황에 대해 저자들은 강한 위기감을 느끼고 있다. 이 책은 위기감의 원인과 ‘마음의 케어’나 심리주의의 문제점을 명확히 밝히고 있다.

제1, 2, 3장에서 오자와 마키코는 심리주의가 어떻게 사회 안에 들어왔고, 어떠한 문제점을 가지고 있는지에 대해 심도 있게 다루고 있다. 그리고 학교에서 큰 논란을 일으켰던 《마음의 노트》에 대해서도 분석하고 있다. 제4, 5, 6장에서 나카지마 히로카즈는 심리주의가 담고 있는 예방적 관점과 성장촉진적 관점이 가진 문제점에 대해 분석하고 있다. 게다가 다양한 곳에서 쓰이는 ‘자기실현'에 대해서도 언급하고 있다.

저자들은 일본사회임상학회의 회원이다. 이 학회는 '임상'이나 '심리주의' 문제에 대해 다양한 각도에서 논의를 거듭했다. 이 책은 그 논의에 입각하여 각자의 이론적 관점으로 "'마음의 케어' 확산"이라는 문제에 접근한 것이다.

일본사회임상학회는 1993년 설립되었다. 당시 임상심리사 자격화가 논의되고 있었고, 그 흐름에 참여할 것인지 아니면 이를 비판할 것인지에 대한 토론이 일본임상심리학회에서 반복되고 있었다. 그 결과, 자격화를 비판하는 그룹이 학회로부터 떨어져 나와 새롭게 창설된 것이 사회임상학회이다.

제2장에서 오자와 마키코가 설명하고 있듯이, 상담사의 국가자격화를 둘러싼 논의는 수십 년간 지속되었다. 1970년대 초 임상심리학회는 자격화에 반대하며 상담이나 심리검사를 '받는 사람'에게 그것이 어떤 의미를 가지고 있는지에 대해 재검토를 시작했다. 그 과정에서 우리는 상담이나 심리검사가 얼마나 많은 문제를 안고 있는지 알게 되었다.

안타깝게도 1980년대 임상심리학회로부터 떨어져 나온 가와이 하야오와 그 집단은 심리임상학회를 만들어 자격화의 흐름을 밀고 나가면서 심리주의도 사회에 퍼지기 시작한다. 그러나 사회임상학회는 '임상'을 되묻는 자세를 이어받아 '임상'이나 '심리주의'의 문제를 생각해 나가고 있다.

사회임상학회는 교육, 복지, 의료 등의 영역에 관련된 멤버로, 임상심리학뿐만 아니라 사회학이나 교육학 등에 관심을 가진 다수의 사람들로 구성되어 있다. 그리고 누구나 들어올 수 있는 학회이기 때문에 다른 보통의 학회와는 달리 대학이나 연구소 같은 전문기관에 소속되지 않은 사람들도 많이 참여하고 있다. 그만큼 다양한 입장에서 폭넓은 의견이 나왔고, 격렬하고도 풍부한 논의가 이루어지고 있다.

저자들은 그 논쟁에 참여함으로써 각각의 관점을 굳히며 각자의 문제의식을 깊게 해왔다. 이 책이 그 일부를 문장이라는 형태로 나타낸 결과물이다. 그러므로 이 책의 시점이나 의견은 사회임상학회라는 터전이 없었더라면 불가능했을 것이다. 그런 의미에서 우리 두 사람은 사회임상학회 회원들에게 감사하고 있다.

이 책은 '마음의 케어'와 심리주의의 확산에 문제를 던지는 것이 목적이었지만 이 책을 읽은 독자가 우리의 문제의식을 공유하고 더욱더 이 문제에 다가가기를 간절히 바라고 있다.

마지막으로 이 책을 마무리하는 데 있어서 요센사洋泉社의 오가와 데쓰오 님에게 많은 신세를 졌다. 정확한 조언과 협력으로 이 책을 완성시킬 수 있던 것을 감사드리고 싶다.

2004년 4월 25일

나카지마 히로카즈

옮긴이의 글

새로운 생각을 심어준 한 권의 책

처음 이 책의 번역 제안이 들어왔을 때, 첫 일본어 번역이라는 사실에 고민도 많이 되고 이제까지 해왔던 영한/한영 통·번역과는 다른, 새로운 영역에 발을 들인다는 생각에 가슴 설렜다. 일본 유학 중 30년 이상 통·번역을 해오신 분들도 사전을 손에서 놓지 않으며 끊임없이 공부하시던 모습을 보고 언어를 제대로 표현한다는 것이 얼마나 많은 노력과 배움을 필요로 하는지 느꼈는데, 그에 비해 배움의 기간도 경험의 폭도 부족한 내가 과연 제대로 해낼 수 있을까 하는 불안감은 당연한 것이었다. 하지만 그런 불안감과 고민 그 이상으로 새로운 도전과 새로운 배움에 두근거린 것도 있고 주변 분들의 격려도 있고 해서 용기를 가지고 이 일을 맡았다.

이 책을 읽고 번역하면서 새로운 거울을 통해 나 자신과 사회를 바라보는 법을 배웠다고 생각한다. 나도 모르게 어느새 생각이 꼬리에 꼬리를 물며 사색에 빠져드는 것을 보면서, 바로 이것이

이 책이 현시점에서 우리에게 필요한 이유가 아닌가 하는 생각에 내심 무척 뿌듯했다.

이것은 무척 흥미로운 경험이었다. 번역에 집중해야 할 순간에도 문득 정신을 차려보면 오늘날의 사회와 교육 등의 이슈에 대해 생각하고 있었다. 경쟁사회에서 교육의 부작용과 그 여파, 사회에서 대다수의 사람들이 너무나도 당연하게 받아들이는 당연해서는 안 될 것들, 악용되는 권력과 두뇌의 위험한 조화가 실질적으로 얼마나 소름끼치는 미래를 상당수의 무지함 속에서 야기할 수 있는가 등 말이다. 또한 과거 한국사회가 겪었던 전쟁이나 가난에서 비롯된 다수의 육체적 고통이 줄어들었음에도 불구하고 요즘 젊은 세대가 심각한 괴로움 속에 몸부림치는 이유도 좀 더 이해할 수 있었다.

뿐만 아니라, 개인적으로 언뜻 느끼고 있던 불안감과 위화감의 정체가 조금 더 뚜렷해진 듯한 느낌이 들었다. 너무도 당연하게 나의 노력이 부족해서 그렇다고, 더 열심히 하면 될 거라고 생각하며 모든 것을 자기책임으로 돌리던 생각의 틀에서 한 걸음 벗어나 보니, 이는 결코 나만의 문제가 아니었던 것이다. 무작정 문제해결을 서두르는 이 시대의 방식이 어처구니없게도 어느 순간 문제 자체를 직시하지 못하게 만들 수도 있다는 것, 그리고 국가 수준의 '작은' 이익에 많은 이들의 고통이 수반되는 것이 이처럼 당연하게 '개인적으로' 받아들여질 수도 있구나 하는 놀라움도 있었다. 이렇듯 나에게 미처 생각지 못했던 것들에 대한 생각과 사색의 공간을 내어준 이 책이 지금을 살아가는 사람들에게도, 또 앞으로를 살아가는 사람들에게도 그 이상의 울림이 있었으면 좋겠다.

마지막으로 이 책과 만나 문장, 단어들과 씨름하며 많은 것을 배우고 성장할 수 있는 기회를 주신 조재성 사장님께 감사드린다. 또한 꼼꼼하게 교정해주신 배성분 편집자님, 같이 밤을 새어가며 도움을 주셨던 나가토모 선생님, 나의 갑작스런 SOS 요청에도 웃으며 응해준 나의 친구 요코, 언어적으로도 문화적으로도 다복한 환경을 만들어주고 내가 나로 있을 수 있게 묵묵히 지원해주신 부모님, 나에게 항상 많은 영감과 자극을 주는 여동생, 그리고 나에게 많은 격려와 가르침을 주시는 지인 분들께 깊은 감사의 말씀을 올린다.

2016년 9월

로이 리샤

인용·참고문헌

제1장

管佐和子「まず『前提』を問い直そう」『悠』2004년 2월호

佐々木賢『親と教師が少し楽になる本』北斗出版 2002년

桜井千恵子「『学び』の欲求とズレた学校知の基準」『教育と文化』24호 2001년

若島孔文·長谷川啓三『短期療法ガイドブック』金剛出版 2000년

今田恵『心理学史』岩波書店 1962년

F・ゴールトン『天才と遺伝』甘粕石介訳 岩波文庫 一九三五年（原著 1869년）

大村政男・花沢成一『新訂·心理検査の理論と実際』駿河台出版社 1985년

제2장

小沢牧子『「心の専門家」はいらない』洋泉社·新書y 2002년

吉田武男·中井孝章『カウンセラーは学校を救えるか』昭和堂 2003년

国分康孝監修『エンカウターで総合が変わる』図書文化 2000년

大阪府同和教育研究協議会編集·発行『わたし 出会い 発見 PART 2』1998년

平木典子『自己カウンセリングとアサーションのすすめ』金子書房 2000년

シンポジウム『フェミニズムから心理療法をどうとらえるか』『臨床心理学研究』제28권 4호 1991년

佐藤みどり「女性とフェミニストカウンセリング」『カウンセリング・幻想と現実』日本社会臨床学会編 現代書館 2000년

篠原睦治「ピア·カウンセリングを考える」『カウンセリング·幻想と現実』日本社会臨床学会編 現代書館 2000년

伊藤美奈子・平野直己編『学校臨床心理学·入門』有斐閣アルマ 2003년

河合隼雄『心理療法論考』新曜社 1986년

鈴木伸二「心理治療はなぜ求められるのか」日本臨床心理学会編『心理治療を問う』現代書館 1985년

赤松晶子「『資格』あるなしにこだわらず、多様なひとたちの共同の場づくりを」『臨床心理学研究』제27권 별책

酒井充「『臨床心理士』資格認定を批判する」『臨床心理学研究』제27권 별책

제3장
斎藤貴男『機会不平等』文藝春秋 2000년
小沢牧子「学校教育相談と生徒指導の戦後史」『学校カウンセリングと心理テストを問う』日本社会臨床学会編 影書房 1995년
俵義文ホームページ · 2003년 1월 17일
アーサー・ビナード「心ないノート」『子どもプラス』vol.16
北村小夜「雲に乗ってやってくるものは」『「心のノート」を読み解く』小沢牧子 · 長谷川孝編著 かもがわ出版 2003년
三宅晶子『「心のノート」を考える』岩波ブックレット 2003년
朝枝成「国家神道の教科書『心のノート』」島根反靖連通信 제16호 2004년
高橋哲哉『「心」と戦争』晶文社 2003년
俵義文ホームページ 2003년 11월 20일日
金子隆弘「河合隼雄の『心のノート』作成意図」柿沼昌芳 · 永野恒雄編著『「心のノート」研究』批評社 2003년
波多野誼余夫 · 山下恒男編『教育心理学の社会史』有斐閣 1987년

제4장
岡山県教育委員会『危機管理マニュアル』2001년
文部科学省少年の問題行動等に関する調査協力者会議『心と行動のネットワーク——心のサインを見逃すな、「情報連携」から「行動連携」へ——』 2001년 4월
文部省 生徒指導資料 제21집『学校における教育相談の考え方 · 進め方』1990년
生徒指導資料제22집『登校拒否問題への取組について——小学校 · 中学校編』1997년
厚生労働省大臣官房統計情報部『二〇〇二年度労働者健康状況調査の概況』
厚生労働省『事業場における労働者の心の健康づくりのための指針』2000년
労働省労働基準局安全衛生部労働衛生課『労働の場における心の健康づくり対策について——労働者のメンタルヘルス対策に関する検討会報告書』2000년
治君の自殺問題を考える会（仮称）準備会『私たちの調査報告書——横浜 · 並木第三小、杉本治君事件の真相を追って—』1985년
杉本治『マー先のバカ』青春出版社 1985년
伊藤真弓 · 青木松則 · 楠原彰編『少年Ｏ君の死』柘植書房 1993년

山本哲士編『小さな哲学者たち』新曜者 1986년
R・カステル *La gestion des risques* Les Editions de Minuit 1981
'From dangerousness to risk', in Burchell,G.et al. eds.
The Foucault effect: Studies in governmentality, Harvest Wheatsheaf. 1991
J・M・ライスマン『臨床心理学の歴史』茨木俊夫訳 誠信書房 1982년 (原著 1976년)
山本和郎『コミュニティ心理学』東京大学出版 1986년
カプラン『予防精神医学』新福尚武訳 朝倉書店 1970년 (原著 1964년)
中島浩籌『逃げだした教師の学校論』労働経済社 1986년
稲葉雅紀『日本の精神医学は同性愛をどのように扱ってきたのか』『社会臨床雑誌』제2권 제2호 1994년
M. フーコー『監獄の誕生』田村俶訳 新潮社 1977년 (原著 1975년)
G. ドゥルーズ『記号と事件』宮林寛訳 河出書房新社 1992년 (原著 1990년)
重田園江『フーコーの穴』木鐸社 2003년
渋谷望『魂の労働』青土社 2003년

제5장

文部科学省中央教育審議会『新しい時代にふさわしい教育基本法と教育振興基本計画の在り方について(答申)』2003년
村上龍『13歳のはハローワーク』幻冬舎 2003년
A・H・マズロー『人間性の心理学』小口忠彦訳 産能大学出版部 1987년 (原著 1954년)
石川勇一『自己実現と心理療法』実務教育出版 1998년
台利夫他編『心理療法家の目指すもの——社会適応と自己実現』金剛出版 1990년
F・ゴーブル『マズローの心理学』小口忠彦訳 産能大学出版部 1972년 (原著 1970년
上田吉一『人間の完成—マズロー心理学研究』誠信書房 1988년
「二一世紀日本の構想」懇談会『二一世紀日本の構想』2000년
厚生労働省職業能力開発局『キャリア形成を支援する労働市場政策研究会報告書』2002년
同 『第一三回労働政策審議会職業能力開発分科会議事録』2002년
同 『第一四回労働政策審議会職業能力開発分科会議事録』2002년

同　『キャリア・コンサルティング実施のために必要な能力等に関する調査研究報告書』2002년
文部科学省生涯学習審議会『学習の成果を幅広く生かす（答申）』1999년
杉渓一言「現代社会と産業カウンセリング」『産業カウンセリングハンドブック』日本産業カウンセリング学会編 金子書房 2000년
横山哲夫「キャリア・カウンセリング」『産業カウンセリングハンドブック』日本産業カウンセリング学会編 金子書房 2000년
A・メルッチ『現在に生きる遊牧民』山之内靖　貴堂嘉之　宮崎かすみ訳　1997년(原著 1989년)
H・ベルグソン『思考と運動』宇波彰訳 第三文明社 2000년 (原著 1938년)
渋谷望『魂の労働』青土社 2003년
日本労働研究機構『大都市の若者の就業行動と意識』2001년

제6장

文部科学省初等中等教育局『在外教育施設安全対策資料・心のケア編』2003년
文部科学省不登校問題に関する調査研究協力者会議『今後の不登校への対応の在り方について(報告)』2003년
G・ドゥルーズ『差異と反復』財律理訳 河出書房新社 1992년（原著 1968년)
Cinéma 2 L'image-temps les Editions de Minuit 1985
芹沢俊介『引きこもるという情熱』雲母書房 2002년
L・アルチュセール「イデオロギーと国家のイデオロギー装置」『アルチュセールの〈イデオロギー〉論』柳内隆・山本哲士 三交社 1993년 (原著 1970년)
中島浩籌「人と人とのかかわりをどのように考えるか」『子どもの〈心の危機〉はほんとうか？』小沢牧子編 教育開発研究所 2002년
D・ハルプリン『同性愛の百年間』石塚浩司訳 法政大学出版 1995년（原著 1990년）
小沢牧子 『「心の専門家」はいらない』洋泉社・新書ｙ 2000년

옮긴이

로이 리샤

일본 와세다대학교 국제교양학부를 졸업하고, 일본 NHK World 등에서 한영 통역을 했으며, 《가지고 다니는 여행 영어》 등 도서 출간에 참여했다.

현재 영국 옥스퍼드대학교의 대학원과정에서 비교사회정책을 연구하면서 사회와 국가정책이 사회적 약자를 어떻게 대하는지, 어떻게 하면 이들의 인권문제나 어려움을 좀 더 효과적으로 해결할 수 있는지 등에 큰 관심을 갖고 있다.

오자와 컬렉션 ❻

마음을 상품화하는 사회 –마음의 케어, 그 위험성을 묻다–

2016년 10월 20일 1판 1쇄 인쇄
2016년 10월 25일 1판 1쇄 발행

지은이 오자와 마키코 · 나카지마 히로카즈
옮긴이 로이 리샤
펴낸이 조재성
펴낸곳 서현사
경기도 고양시 일산동구 중앙로 1055번지 레이크하임 206호
전화 031-919-6643 팩스 031-912-6643
등 록 2002년 8월 14일 제03-01392호

ISBN 978-89-94044-90-3 94180
ISBN 978-89-94044-72-9 (세트)

정가 14,000원